Fútbol:
LA TOMA DE DECISIÓN EN EL PASE

Concepto y 70 tareas para su entrenamiento

Manuel Jesús Crespo García

Título: FÚTBOL: LA TOMA DE DECISIÓN EN EL PASE. CONCEPTO Y 70 TAREAS PARA SU ENTRENAMIENTO
Autor: MANUEL JESÚS CRESPO GARCÍA
Corrección del texto: MANUELA CASTILLO SOLER

Editorial: WANCEULEN EDITORIAL
Sello Editorial: WANCEULEN EDITORIAL DEPORTIVA

ISBN (Papel): 978-84-18486-05-0
ISBN (Ebook): 978-84-18486-07-4

DEPÓSITO LEGAL: SE 1397-2020

Impreso en España. 2020

WANCEULEN S.L.
C/ Cristo del Desamparo y Abandono, 56 - 41006 Sevilla
Dirección web: www.wanceuleneditorial.com y www.wanceulen.com
Email: info@wanceuleneditorial.com

ÍNDICE

INTRODUCCIÓN

En la iniciación al mundo del entrenamiento es muy usual intentar encontrar una receta o una fórmula que resuelva nuestras necesidades y que cubra las posibles lagunas que tengamos en nuestro conocimiento o en nuestra capacidad.

La complejidad y diversidad del juego hacen que haya que tener un conocimiento del mismo para su enseñanza y para su aprendizaje en algunos casos.

El fútbol está evolucionando y van apareciendo nuevos conceptos con diversidad de interpretaciones atendiendo a las distintas corrientes a las que seamos más afines. No obstante, creo que todo se puede adaptar y se le puede sacar rendimiento siempre que tenga una buena argumentación y no nos dejemos atraer por dogmas.

Este libro con tareas no pretende ser una respuesta matemática a las necesidades que pueda tener un entrenador para encontrar soluciones a los problemas que se le planteen. La intención es poder manejar recursos, adaptarlos a nuestra realidad de entrenamientos y que puedan introducirnos y orientarnos a conseguir en el entrenamiento los objetivos pretendidos.

He reducido el uso de material para simplificar y poder llegar a cualquier nivel de recursos y que puedan ser llevadas a cabo en cualquier realidad, sin necesidad de unos materiales que dificulten su realización.

Existen distintos tipos de tareas para la mejora del dominio colectivo de cualquier medio que queramos que nuestro equipo maneje durante el desarrollo de los partidos. Atendiendo a la metodología empleada, la duración, los espacios, el número de jugadores... pueden variar para satisfacer nuestro modelo de juego.

A continuación, desarrollaré distintas, tareas desde las más simples a las de mayor complejidad, para poder trabajar el concepto de la transición defensiva y que puedan formar parte de distintos modelos de juego ya que, atendiendo a las pretensiones de cada entrenador y a la metodología a emplear, cada uno debe introducirlas donde considere oportuno. Estas tareas carecen de un contexto y de una estrategia operativa, para los cuales necesitarán adaptación por parte del entrenador a todas las variables que crea que pueden tener incidencia en el desarrollo del juego de su equipo y a las características del mismo.

Todas las tareas propuestas carecerán de un contexto propio, del rival, la competición y la situación para el desarrollo de la estrategia operativa y el modelo de juego.

Castellano y Casamichana (2016) proponen este cuadro para la clasificación de las tareas según los metros cuadrados por jugador y de las demandas que serán exigidos los jugadores:

m^2 / jugador	1<2	3<4	5<7	8<10
<50	Fuerza		Recuperación	
<100	Fuerza		Recuperación	
<200	Frecuencia cardíaca		Velocidad	
>200	Frecuencia cardíaca		Velocidad	

En este libro se indicarán el número de jugadores y la división y distribución de los espacios. No obstante, para que la tarea se adapte a cada equipo, estado físico de los jugadores, modelo de juego y metodología, cada entrenador la deberá adaptar en cuanto a metros las distancias, los espacios e, incluso, en número de jugadores en algunos casos para tener un mejor desarrollo con su equipo.

Las tareas no tendrán límites de toques, contactos o golpeos para conseguir nuestro objetivo, ya que habrá jugadores que necesiten o decidan utilizar un número mayor por necesidades del juego, por condiciones técnicas o por condicionantes físicos de desarrollo. No obstante, al ser tareas abiertas, el entrenador podrá condicionarlas si lo cree necesario u oportuno para conseguir los beneficios pretendidos conociendo la realidad a la que las va a exponer.

EL PASE EN FÚTBOL

El pase es definido por Real Academia Española como *la entrega de la pelota entre jugadores del mismo equipo.*

La Escuela de Entrenadores define el pase como *la acción técnica colectiva que permite establecer una relación entre dos o más componentes de un equipo mediante la transmisión del balón por un toque; por lo tanto, es el principio del juego colectivo y nos permite llegar al objetivo previsto en el menor tiempo posible.* Además, dice que las posibles superficies de contacto para realizarlo son:

- PIE: interior, exterior, empeine, puntera, talón y planta.
- PIERNA: muslo.
- TRONCO: pecho.
- CABEZA: frontal, occipital y parietal.
- CON MANOS: solo el portero y jugadores de campo en los saques de banda.
- OTRAS SUPERFICIES DE CONTACTO: todas las del cuerpo, menos los brazos y las manos, con excepción del portero dentro de su área y en el saque de banda.

El pase se puede realizar con cualquier superficie que permita el reglamento.

Los pases se pueden clasificar:

- **Según la superficie de contacto:** con el pie, la cabeza, el tronco o el muslo. El pase con el pie puede ser con la planta, la puntera, el talón, el empeine, el interior y el exterior del mismo.
- **Según la distancia:** corto, medio o largo.
- **Según la trayectoria:** recto o con efecto.
- **Según la altura:** alto, a media altura o raso.
- **Según la dirección:** diagonal, horizontal, hacia delante o hacia atrás.

- **Según a donde se dirija:** al pie del contrario o al espacio.

Todas estas clasificaciones tienen en cuenta el pase como una acción aislada del juego y sin intención táctica ninguna. El pase es un medio que no se puede aislar del juego para entenderlo y bien utilizado puede tener diversas intenciones:

- Para atraer a un contrario.
- Para atravesar una línea rival.
- Para cambiar el sentido del juego.
- Para mantener el balón.
- Para progresar en el juego.
- Para llevar el balón a zona de peligro.
- Para quitar el balón de zona de peligro.
- ...

Dentro de las acciones técnicas del fútbol, el pase establece las relaciones con balón del juego colectivo entre los jugadores de un equipo y, además, hay que realizarlo con pericia porque bien interpretada su defensa es un buen momento para poder recuperar el balón por parte del rival.

"Si tienes un televisor muy bueno y falla el fusible, no se puede ver y en el fútbol el fusible es el pase". Juanma Lillo.

Cualquier acción requiere una interpretación de lo que está sucediendo, pero no puede ser reflexiva. No existe tiempo para valorar. Si el jugador se para a reflexionar y a valorar perderá cualquier tipo de ventaja que pueda tener ante una situación. Los entrenadores tenemos que darles herramientas para que su ejecución sea eficaz y para que el jugador sea eficiente. Digo eficaz porque los pases son válidos de igual manera, con la punta del pie que con el borde interno del mismo, siempre que lleguen con ventaja al compañero que va a recibir el balón.

El jugador tiene que estar en condiciones óptimas para competir y poder rendir durante los partidos. Si un jugador falla un pase en un partido no solo tiene que ocurrir porque sea malo técnicamente o porque no lo haya ejecutado bien; puede ser porque se puso nervioso ante la presión del rival y se precipitó, porque el compañero se desmarcó tarde, porque eligió a un compañero que estaba marcado, porque el rival se anticipó a su acción...

Parar a los dos equipos en una simulación de la acción en la que se le explique al jugador en cuestión cómo o dónde tenía que haber ejecutado el pase se considera una pérdida de tiempo y de energías que no producirá ninguna mejora en el jugador ni en el equipo. Hay que darle un *feedback* rápido y conciso y seguir con lo siguiente. Igualmente, después de esto, poner a un jugador enfrente de otro (vis a vis) y hacer un alto número de repeticiones del pase para la corrección de lo sucedido buscando una mejora del juego colectivo sigue siendo poco útil. Las situaciones rutinarias se olvidan.

Se aprende a pasar equivocándonos en el pase, y pasando una y otra vez en distintas situaciones, lo importante no es que el pase esté bien ejecutado en cuanto a unos patrones de ejecución del gesto técnico (que es lo que queríamos), lo importante es que, cuando lo falle, lo recupere pronto o cómo nosotros le pedimos que lo recupere para poder tener otra posibilidad de pasar el balón y conseguir que llegue al compañero que era el objetivo, por ejemplo.

Entonces, tenemos que preparar al jugador para que sea capaz de resolver todas las acciones del juego, porque a lo mejor lo que estuvo mal ("con el periódico del lunes") no es el pase, sino que no debió pasar para seguir manteniendo el balón y atraer a los rivales, creyó que el jugador al que le pasó estaba desmarcado y no era así... Con lo cual, tenemos que preparar a los jugadores para que sean capaces de resolver las situaciones de juego.

La tendencia para corregir un error es aislarlo y trabajarlo de manera aislada para la mejora del rendimiento, pero la experiencia y el entendimiento del juego como una realidad única indisoluble hace pensar que nos acerca más al error porque no produce una mejora en el juego colectivo, sino una mejora de una acción aislada, que nunca más se volverá a repetir durante la vida deportiva del jugador en idénticas circunstancias.

En la búsqueda de la perfección de los modelos de juego, los entrenadores tendemos a desmenuzar el juego con principios, subprincipios, subsubprincipios... que nos hacen explicar cómo juega nuestro equipo y esto hace que en muchas ocasiones nuestros entrenamientos se pierdan en la mejora de factores técnicos aislados que pensamos que son los que hacen errar a los jugadores aunque puede ser, por poner un ejemplo, que nuestro modelo de juego les esté pidiendo a nuestros jugadores cualidades técnicas que no les pertenecen, que no son las que les hacen mostrar su talento o que la decisión no haya sido la adecuada.

En etapas de formación nos gusta enseñarles a los jóvenes futbolistas cómo es el golpeo para la ejecución del pase corto y hacer esa demostración *que saca a relucir esa calidad técnica que tenemos todos los entrenadores, muy superior a la de nuestros jóvenes aprendices*".

El futbolista bueno que todos queremos tener en nuestro equipo es el que sabe cuándo tiene que hacer un pase en vez de conducir, el que pasa "bien" al compañero, el que interpreta la acción de un compañero, el que se anticipa al juego del contrario..., en definitiva, el que toma bien las decisiones sobre el terreno de juego.

Es igual de válido un pase corto con el interior del pie que con la puntera del mismo siempre y cuando llegue en buenas condiciones al compañero (con ventaja). Puede no ser igual de estético según los patrones motrices del golpeo para el pase corto, pero si el futbolista puede ejecutarlo con destreza y consigue su objetivo de manera habitual... ¿por qué no?

Cuando entrenamos o preparamos a nuestros equipos tenemos que diseñar nuestras sesiones de entrenamiento. Hoy en día se hacen multitud de tareas intentando "perturbar" la decisión para condicionar al jugador en su toma de decisión; se utilizan varias "estrategias" como cambiarle el color en el último momento que le indica dónde tiene que tirar, decirle un número para que tenga que desplazarse hacia un lugar, tocar el silbato y finalizar la jugada...: He llegado a ver a un entrenador de porteros que trabaja con fuego para nublar la visión del portero y que los hace saltar de un tren. Y yo me pregunto por qué en un "juego" como el fútbol, en el que intervienen tantos factores, que queremos que el jugador domine y sepa interpretar en cada momento, los estímulos que utilizamos para que el jugador ejecute no tienen nada que ver con el juego.

La visión periférica es importante, pero saber poner el foco en lo relevante es clave para la correcta toma de decisión. Existe un gran número de trabajos aplicados desde el área física, en su mayor parte, que utilizan estas teorías y estos artículos científicos sobre el aprendizaje en los entrenamientos, pero muy alejados del juego.

En todas las facetas del entrenamiento se intentan copiar procedimientos de otros deportes que a lo mejor están más avanzados o tienen un mayor grado de estudio y demuestran transferencia. Las situaciones no se repiten nunca en el juego, no hay dos pases iguales en un partido, no hay dos tiros iguales en un partido, no hay dos ataques iguales en un partido... Entonces, si estamos de acuerdo en esto, ¿no sería mejor preparar a nuestro equipo para que sepa reaccionar mejor ante las situaciones que se dan en el juego y ante estímulos que tengan que ver con este y no con colores, números, palmadas, pitido del silbato...? Existen dudas de que en un entrenamiento el hecho de que un jugador "vea el rojo y se desplace hacia donde está el color rojo", tenga algo que ver con el juego, con su preparación y con su mejora como futbolista. Mejorará capacidades del individuo, pero no entiendo que mejore como jugador. Es como si pensáramos que a un atleta de 50 metros lisos le va a producir una mejora de su rendimiento en la competición salir hacia el lugar rojo después de ver ese color.

Además de esto, nos encontramos con una variable más que, en nuestro intento por "perturbar" el juego al jugador, nos lleva a querer inventar, hasta el punto de que no somos conscientes de que estamos "desentrenando" a nuestros jugadores. ¿Qué pasa en un partido cuando suena un silbato? Pues que se pone en juego el balón o que se tiene que detener el juego. Y si nosotros usamos el silbato para cambiar de zona de juego, para tirar a portería, para pasar el balón... estamos utilizando un estímulo que el jugador tiene que identificar durante el partido para sacar rápido, pararse... para algo que no le va a ser útil después e, incluso, puede crearle alguna confusión en edades tempranas.

Con esto no quiero decir que no se hagan juegos de activación, que no se hagan este tipo de tareas que nos pueden servir para entretener a los jugadores o como dinámicas de equipo o para otro tipo de mejoras, sólo expreso que, si queremos entrenar fútbol y sacar mayor rendimiento a los entrenamientos, los que no disponemos de muchas horas para poder entrenar a nuestros equipos tenemos que intentar que nuestras tareas tengan la mayor transferencia al juego posible.

Siempre será mejor trabajar para que nuestro equipo en una tarea pase a atacar cuando pierda el balón el equipo contrario, pase cuando haya un movimiento de desmarque del compañero, presione cuando el equipo contrario llegue a una zona... y conseguiremos mayor transferencia al juego o a nuestro juego, según el equipo donde estemos, la edad o capacidad de los jugadores que entrenemos y el modelo de juego que queramos desarrollar con nuestro equipo. Ayudaremos al jugador a comprender el juego.

Se podría argumentar que estos estímulos intentan "molestar" al jugador para entrenar la capacidad de enfocarse en lo que está haciendo. Estímulos que nunca se va a encontrar en un partido.

¿Y si lo ponemos a pasar el balón ante jugadores que se intentan desmarcar? Unos lo conseguirán y otros no. El jugador tendrá que identificar el estímulo al que tiene que reaccionar (jugador bien desmarcado) y pasarle el balón con ventaja para recibir descartando todos los demás estímulos (desmarques que no se consiguieron). Y si además el jugador pasa ante la presión de un jugador, se cruzan jugadores por medio, colocamos una portería con portero para que el jugador que reciba el pase finalice, si falla el pase tendrá que presionar para volver a pasar... podremos aumentar la carga cognitiva de lo que estamos entrenando, utilizando elementos del juego. Estímulos ante los que tendrá que reaccionar y dar una respuesta o descartar.

De esta manera, conseguiríamos contextualizar las acciones, hasta el punto que consideremos necesario y se atienda al nivel de los jugadores a los que vayamos a exponer las tareas. Controlando y adaptando las cargas cognitivas.

Hay que intentar como entrenadores que el entrenamiento sea un medio facilitador del aprendizaje.

Nuestro objetivo como entrenadores es ayudar a nuestros jugadores en su proceso de aprendizaje, bien sea en formación o en alto rendimiento, compitiendo. Durante un partido en fútbol, por mucho que intentemos que la competición sea lo más sana y educativa posible en su iniciación, compites con un rival para ganarle, porque es inherente al juego mismo. Los estímulos y las respuestas tienen que estar encaminados al aprendizaje del jugador y tienen que tener estrecha relación con lo que puede pasar en un partido para que el aprendizaje sea significativo, bien sea una situación en la que la respuesta siempre sea la misma (por ejemplo, pasar) y que la decisión sea cómo pasar (largo o corto) o bien una situación en la que haya muchas respuestas (contraataque) y muchas posibles decisiones dentro de esa respuesta (puede haber infinitas en la ejecución).

Para ello, la complejidad de la tarea irá estrechamente relacionada con la capacidad de aprendizaje y el desarrollo de las capacidades del jugador o del equipo.

Las tareas más analíticas en el aprendizaje, para las mejoras de los gestos técnicos como tales, deben llevar una toma de decisión para su eficiencia, ya que enseñar los gestos técnicos disociados de todas las variables del juego preparan al jugador para tener destreza en un golpeo determinado, a una distancia determinada, aplicando la misma fuerza y sin ninguna toma de decisión y los jugadores están constantemente tomando decisiones en un partido por la realidad cambiante del juego. Por ejemplo, dos jugadores, uno enfrente de otro, pasando la pelota a 15 metros de distancia es una tarea o ejercicio que sólo le producirá al jugador una mejora del pase a esa distancia precisa y el aprendizaje carecerá de mejora cognitiva alguna. Mientras que ese pase, si el compañero está variando la distancia, modificando la velocidad a la que se mueve, devolviéndole el balón a distintas alturas, moviéndose entre conos, cambiando de espacios... o cualquier otra variable que haga que la repuesta sea siempre la misma (que consistirá en pasar), la decisión de la ejecución será distinta y el proceso de aprendizaje llevará una carga cognitiva mayor y esto repercute directamente en la mejora del jugador en cuanto a sus respuestas en el juego.

Los condicionantes espaciotemporales, humanos y reglados de las tareas tendrán estrecha relación con el juego, no puede ser un condicionante para el jugador una cuerda para marcar la altura del pase, el condicionante debe tener relación con el juego, por ejemplo, poner un rival entre él y el compañero al que va a pasar e ir adaptando los espacios y número de jugadores al proceso de aprendizaje y al jugador o los jugadores.

En las siguientes tareas los estímulos e indicadores para pasar serán estímulos e indicadores propios del juego para identificarlos en cada momento. Realizar un pase, conducir o cambiar de zona después de un estímulo auditivo (voz del entrenador, silbato...) o cualquier otro que no tenga nada que ver con lo que pueda pasar en un partido (mostrar un color, aviso del entrenador o de un compañero,...) nos ayudarán a realizar las tareas, pero no a utilizar con la destreza específica el pase y a desarrollar el aprendizaje en el jugador; con lo cual, los estímulos, indicadores o recursos utilizados tendrán transferencia al juego y podrán ser adaptados por el entrenador atendiendo a la realidad a la que los vaya a exponer.

SIMBOLOGÍA

Jugadores Equipo A	
Jugadores Equipo B	
Jugadores Equipo C	
Desplazamiento sin balón	
Control orientado	
Desplazamiento del balón	
Conducción del balón	
Desplazamiento del balón por alto	
Tiro a puerta	
Balón	

LA TOMA DE DECISIÓN EN EL PASE EN FÚTBOL

70 TAREAS PARA SU ENTRENAMIENTO

Tarea N° 1	Objetivo Principal	Mejora del pase
	Jugadores	2

Explicación

Los jugadores se pasan el balón por parejas y hacia la derecha o la izquierda del cono o la silueta atendiendo a donde se "desmarque" el compañero.

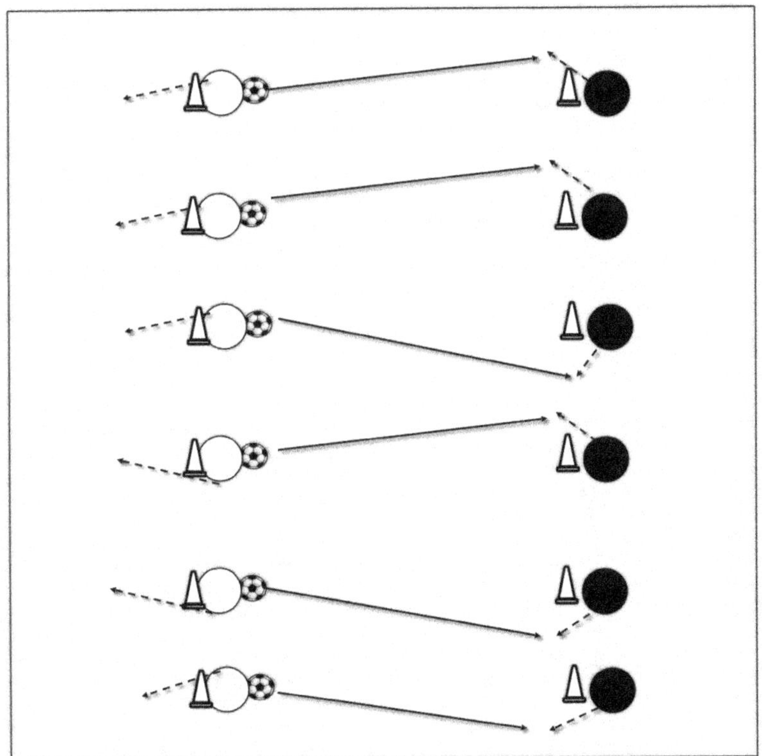

Tarea Nº 2	Objetivo Principal	Mejora del pase
	Jugadores	2

Explicación

Los jugadores se pasan el balón por parejas en corto o en largo, partiendo del cono o la silueta atendiendo a donde se "desmarque" el compañero que no tiene balón.

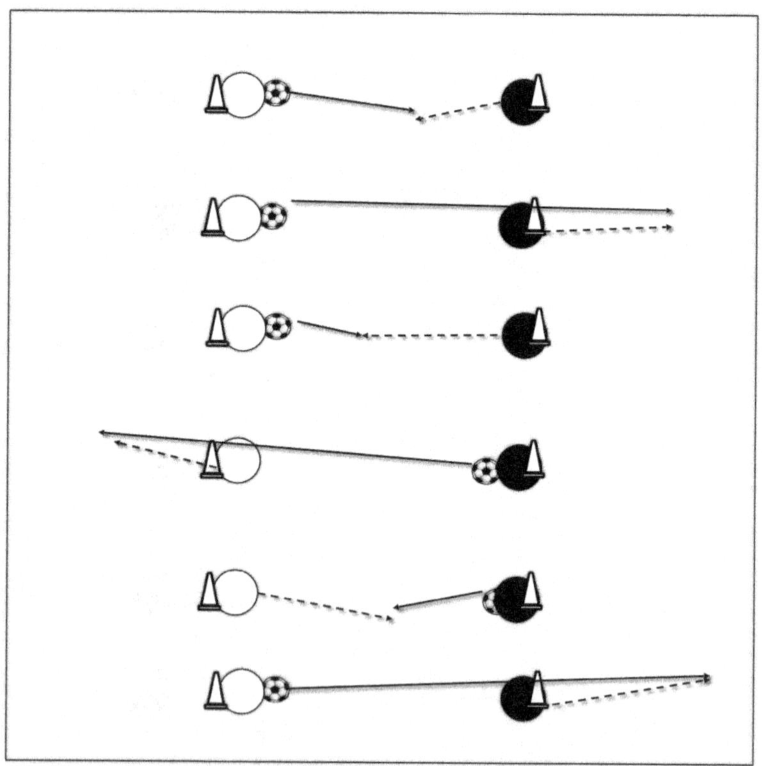

Tarea N° 3	Objetivo Principal	Mejora del pase
	Jugadores	2

Explicación

El jugador que no tiene balón se desplaza hacia uno de los conos y el que tiene balón le pasa hacia el que se dirija.

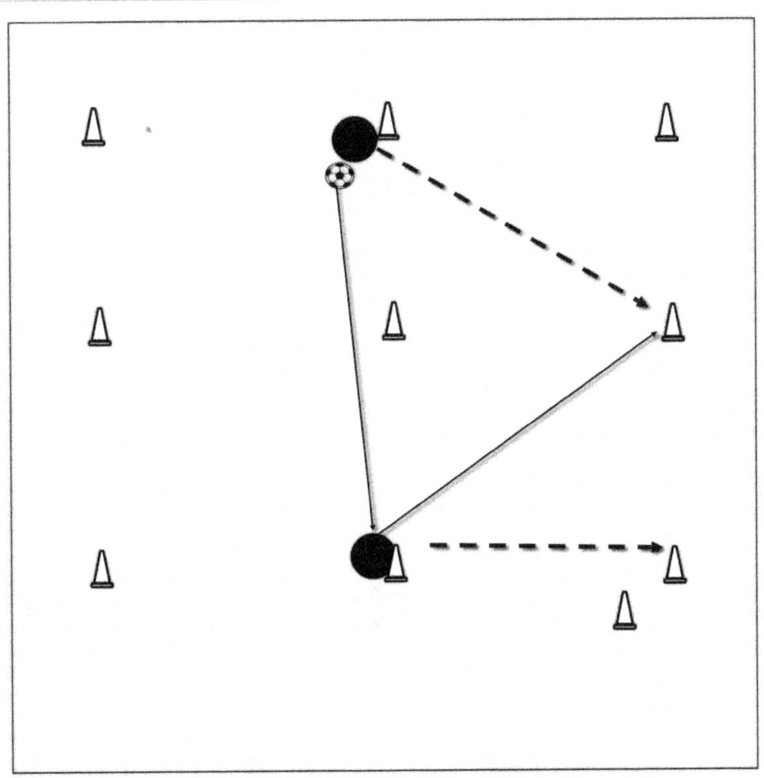

Tarea N° 4	Objetivo Principal	Mejora del pase
	Jugadores	2

Explicación

Los jugadores de dirigen al cono del centro y el que no tiene balón se dirigirá hacia un lado (derecha o izquierda) cuando llegue y el otro le pasará el balón a donde se dirija.

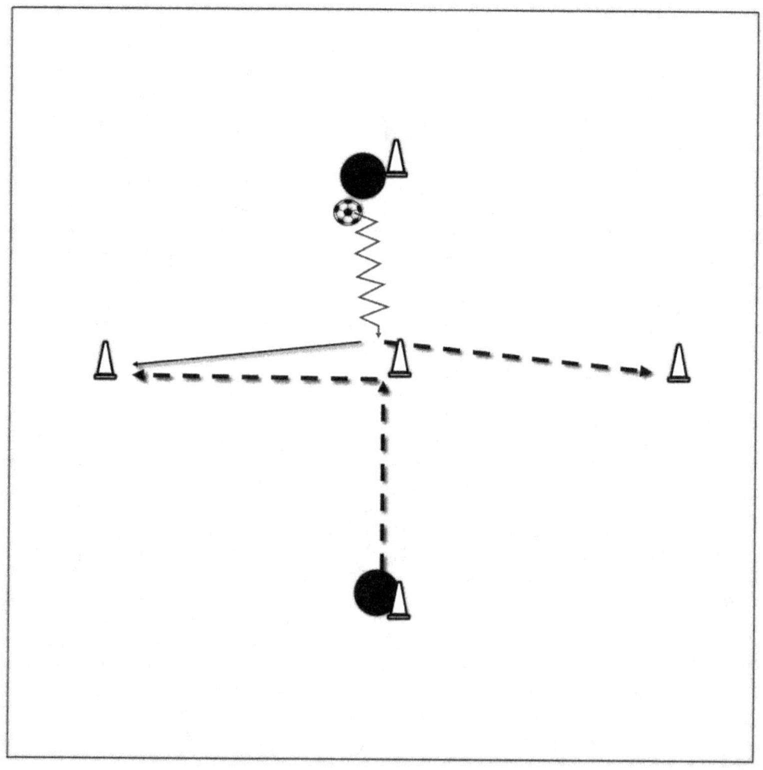

Tarea N° 5	Objetivo Principal	Mejora del pase
	Jugadores	2

Explicación

Los jugadores de dirigen al cono del centro y el que no tiene balón se dirigirá hacia un donde considere cuando llegue y el otro le pasará el balón a donde se dirija.

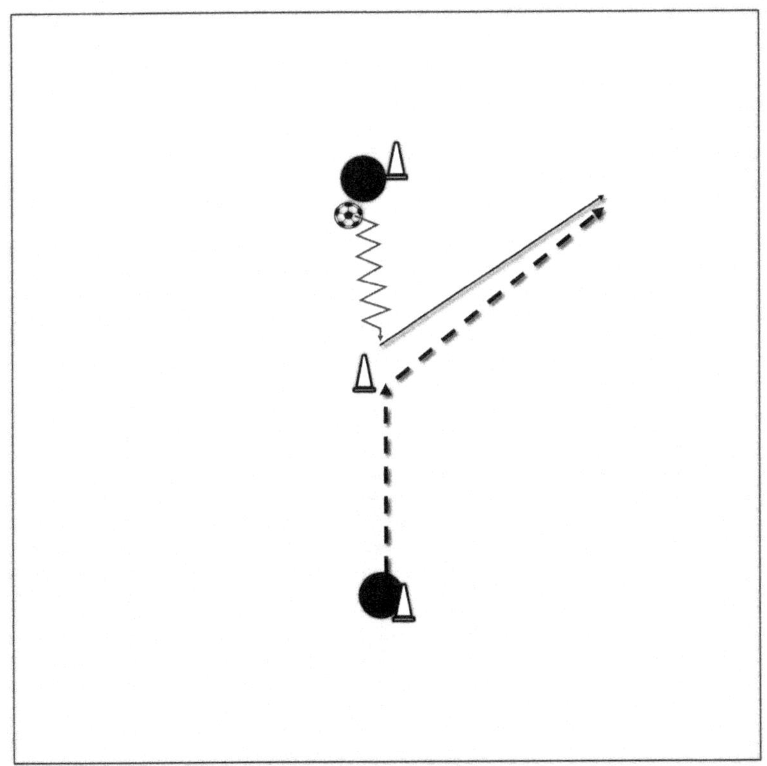

Tarea N° 6	Objetivo Principal	Mejora del pase
	Jugadores	6

Explicación

Los jugadores situados como en la imagen, siguen la siguiente secuencia de pases. 1-2-1-3-4-5-4-6. Partiendo siempre por detrás del cono o silueta, al que se adelantan, salen por la derecha o la izquierda (de manera aleatoria) bien perfilados para recibir y pasar. La rotación será 1-2-3-4-5-6.

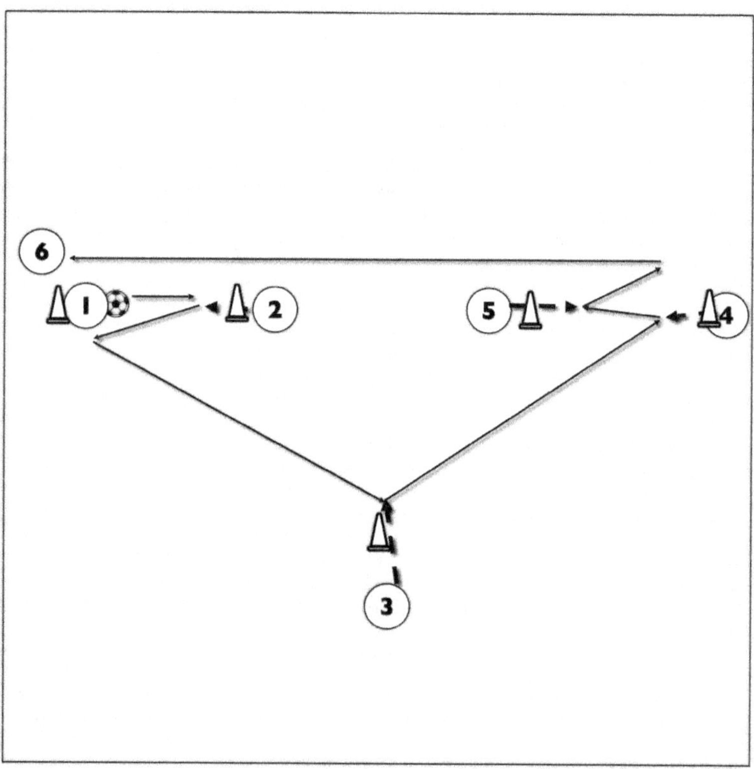

Tarea N° 7	Objetivo Principal	Mejora del pase
	Jugadores	4

Explicación

En la disposición de la imagen. Los jugadores pasan el balón y van a ocupar el ángulo que esté libre. Los jugadores deben estar bien perfilados y en disposición de recibir. El jugador que pasa, lo hará a un jugador que esté en disposición de recibir en uno de los vértices.

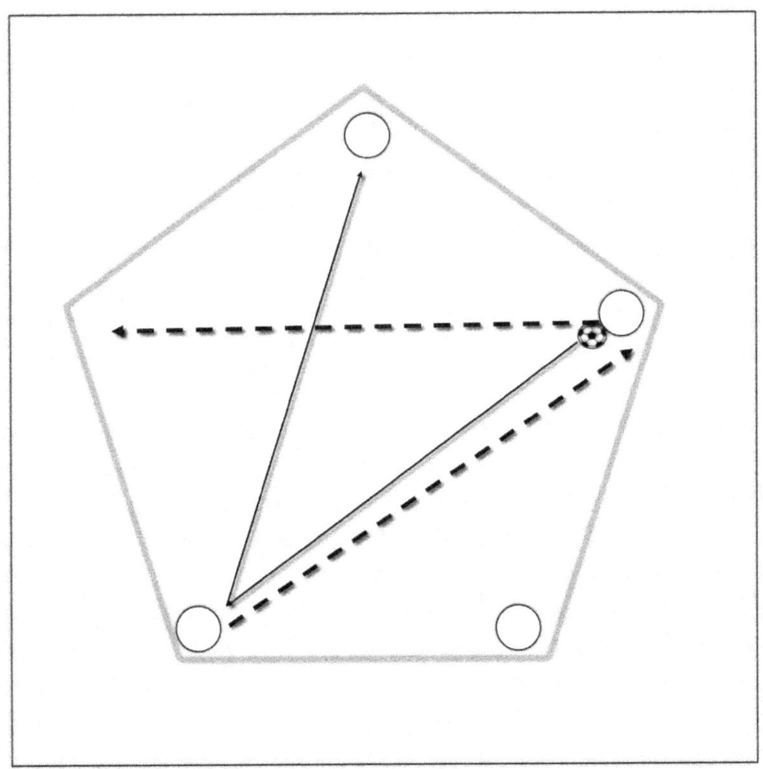

Tarea N° 8	Objetivo Principal	Mejora del pase
	Jugadores	5

Explicación

En la disposición de la imagen. Los jugadores pasan y se van a ocupar el lado libre. Los jugadores deben estar colocados en disposición de recibir y bien perfilados. Los jugadores pasarán al compañero que esté en disposición de recibir.

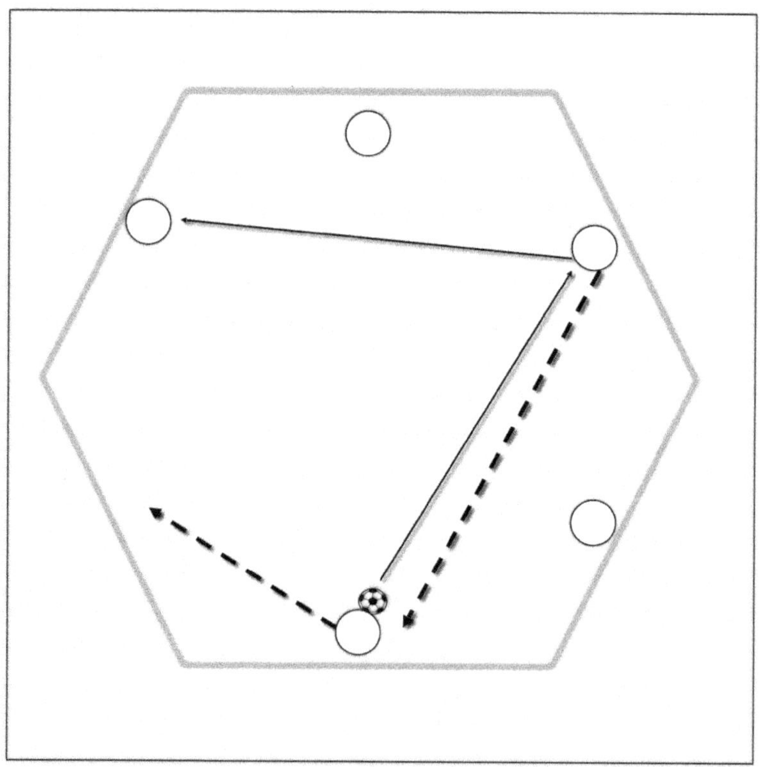

Tarea N° 9	Objetivo Principal	Mejora del pase
	Jugadores	5

Explicación

Un jugador en el cuadrado y los otros cuatro tras los conos o siluetas menos uno que "se desmarca", recibe del que está en el cuadrado, le devuelve el balón y vuelve a su lugar, se desmarca otro y el del centro pasa siempre al desmarcado (que no sabrá cual es e irá variando de manera aleatoria).

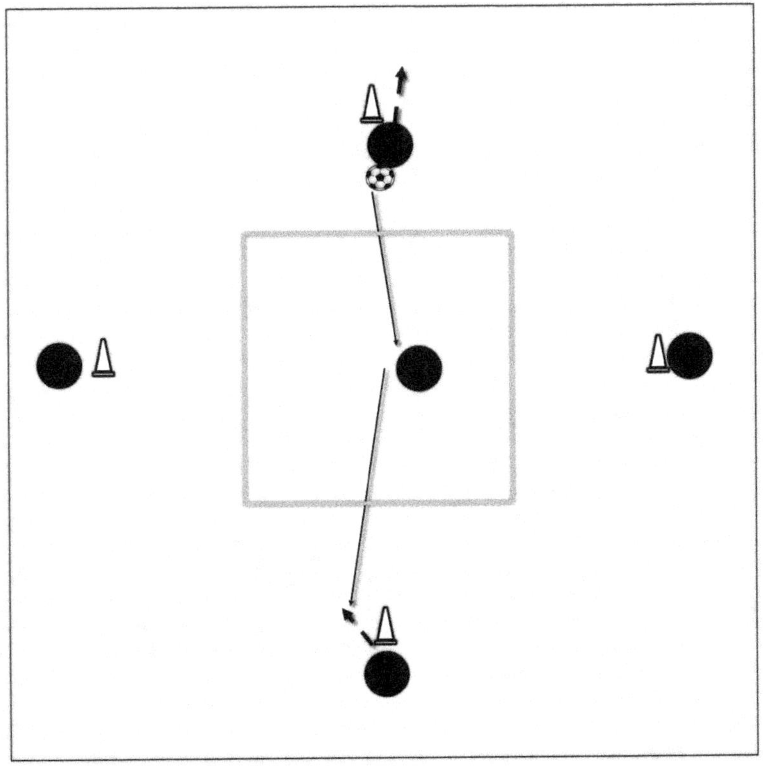

Tarea N° 10	Objetivo Principal	Mejora del pase
	Jugadores	11

Explicación

Un jugador en el cuadrado y los compañeros fuera estarán en cada lado todos marcados menos uno. Cuando reciba tendrá que volverse y pasar al compañero que esté libre de marca, que le devolverá el balón para que se de la vuelta y pase al compañero que esté libre. Los jugadores libres de marca irán variando de manera aleatoria.

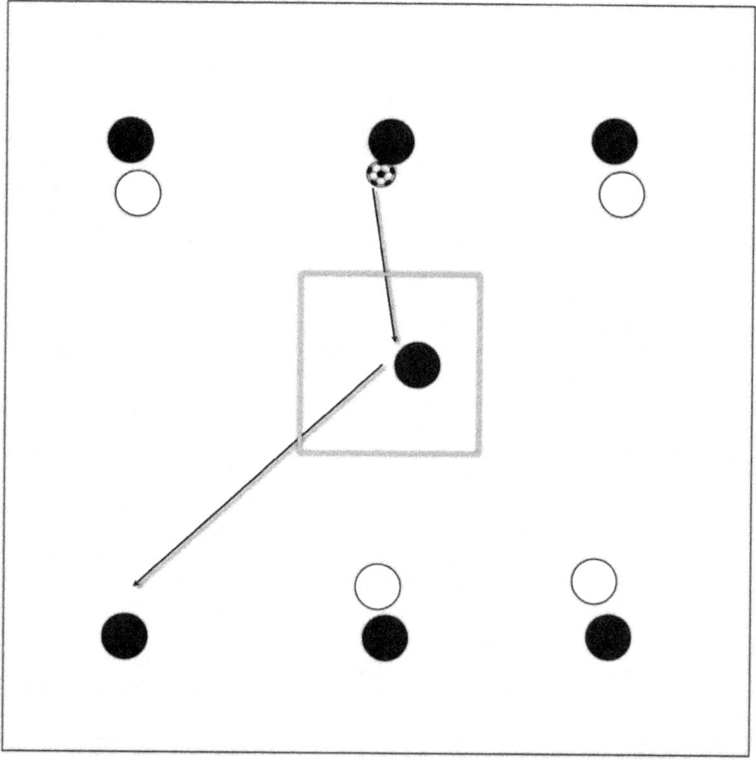

Tarea N° 11	Objetivo Principal	Mejora del pase
	Jugadores	15

Explicación

Un jugador en el cuadrado y los compañeros fuera estarán marcados menos dos (el que le pasó el balón y otro). Cuando reciba tendrá que pasar al compañero que esté libre de marca, que le devolverá el balón para que pase al nuevo compañero que esté libre. Los jugadores libres de marca irán variando de manera aleatoria.

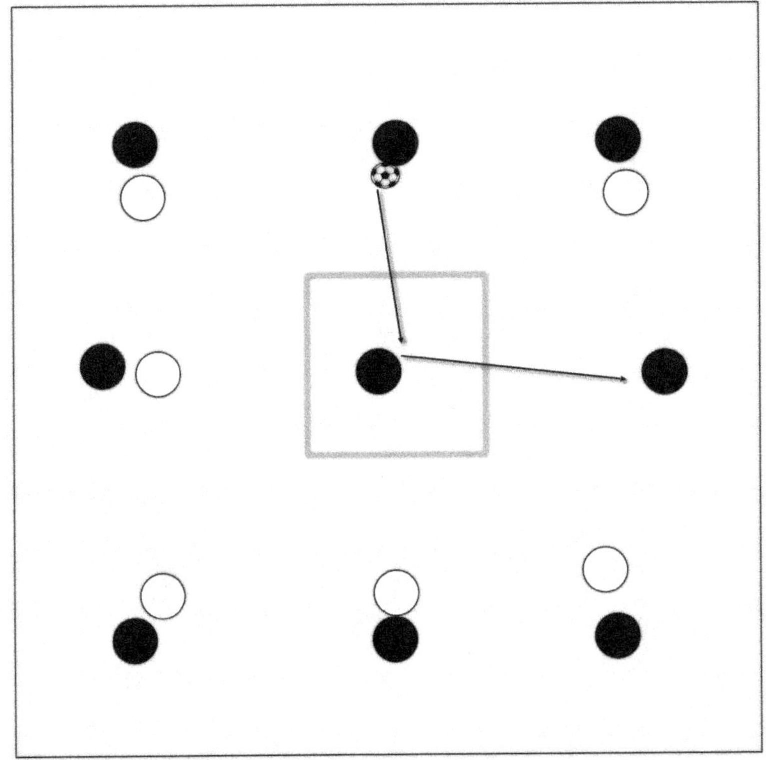

Tarea N° 12	Objetivo Principal	Mejora del pase
	Jugadores	17

Explicación

Un jugador en el cuadrado y los compañeros fuera estarán marcados menos dos, (el que le pasó el balón y otro) que estarán desmarcados. Cuando reciba tendrá que pasar al compañero que esté libre de marca, que le devolverá el balón para que pase al nuevo compañero que esté libre. Los jugadores libres de marca y el lugar hacia donde se desmarquen irán variando de manera aleatoria.

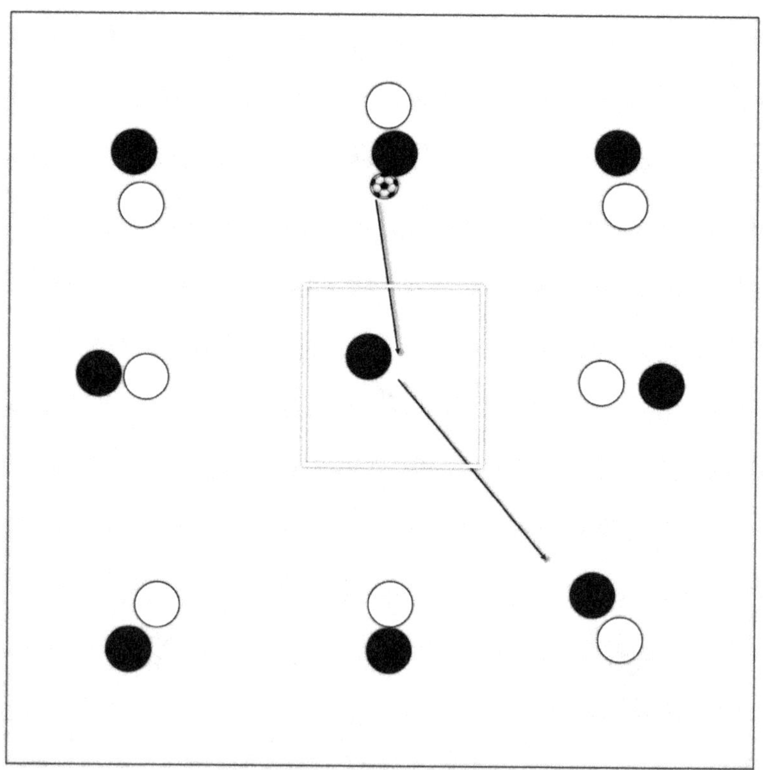

Tarea N° 13	Objetivo Principal	Mejora del pase
	Jugadores	17

Explicación

Un jugador en el cuadrado y los compañeros fuera estarán marcados menos el que le pasará el balón. Un jugador del equipo contrario dejará su marca e irá a presionarle liberando a un compañero al que le pasará el balón (el del centro) cuando lo reciba. Los jugadores libres de marca irán variando y el que ha ido a presionar volverá a su marca cuando reciba el jugador del centro.

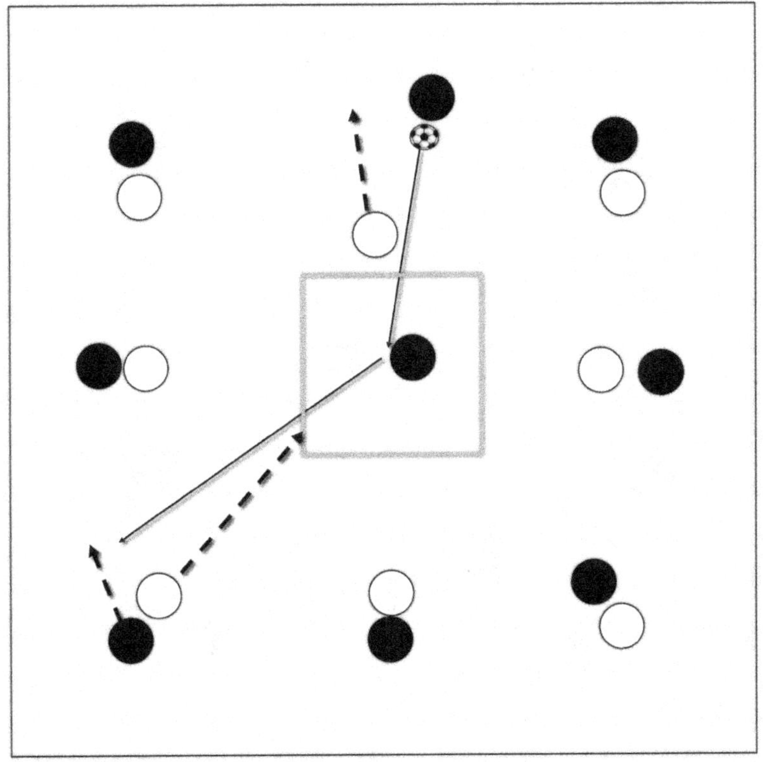

Tarea N° 14	Objetivo Principal	Mejora del pase
	Jugadores	21

Explicación

Un jugador en el cuadrado y los compañeros fuera estarán fuera moviéndose con marcas individuales e intentando desmarcarse. El jugador del centro pasará al jugador que consiga desmarcarse, si recibe cambiaran los roles. Los rivales sólo podrán interceptar o anticipar los pases.

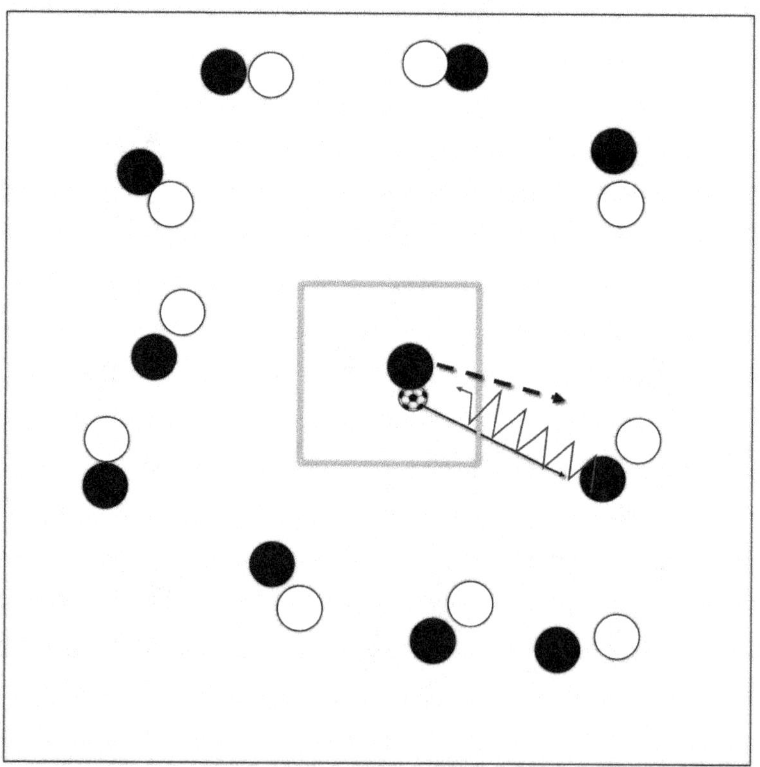

Tarea N° 15	Objetivo Principal	Mejora del pase
	Jugadores	21

Explicación

Un jugador en el cuadrado y los compañeros estarán fuera moviéndose con marcas individuales. Cuando un jugador del equipo rival entre en el cuadrado para quitarle el balón pasará al compañero liberado que se desmarcará para recibir y cambiarán los roles cuando reciba.

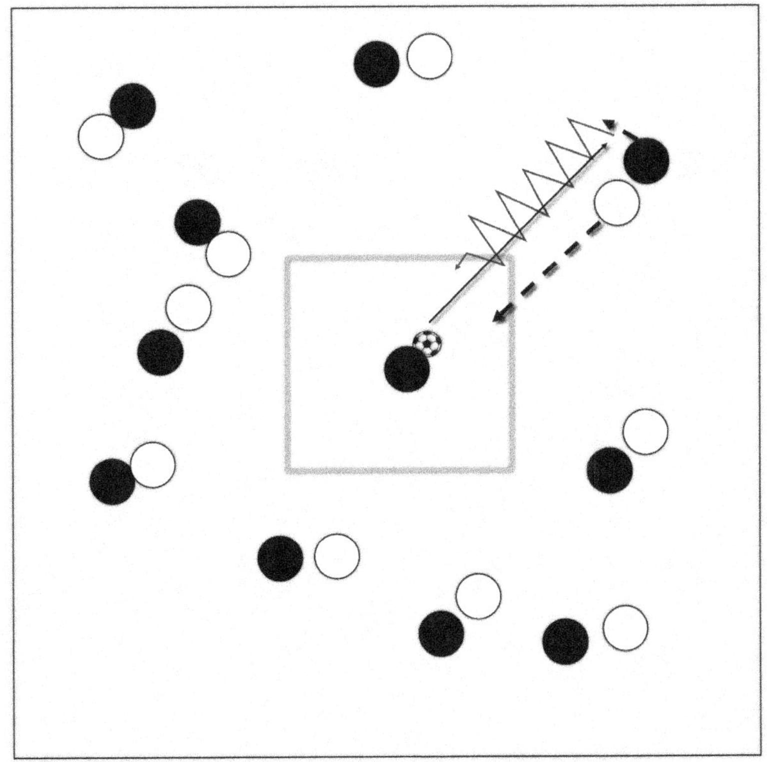

Tarea N° 16	Objetivo Principal	Mejora del pase
	Jugadores	13

Explicación

Un jugador en el cuadrado y los otros jugadores colocados en la disposición de la imagen. Cuando pasan el balón al jugador del cuadrado un jugador se desmarca de apoyo o de ruptura (en corto o en largo) y tiene que pasarle el balón el jugador del cuadrado, le devuelve el balón, se vuelve a su sitio y se desmarca otro jugador. Los jugadores irán alternando quién se desmarca y hacia donde.

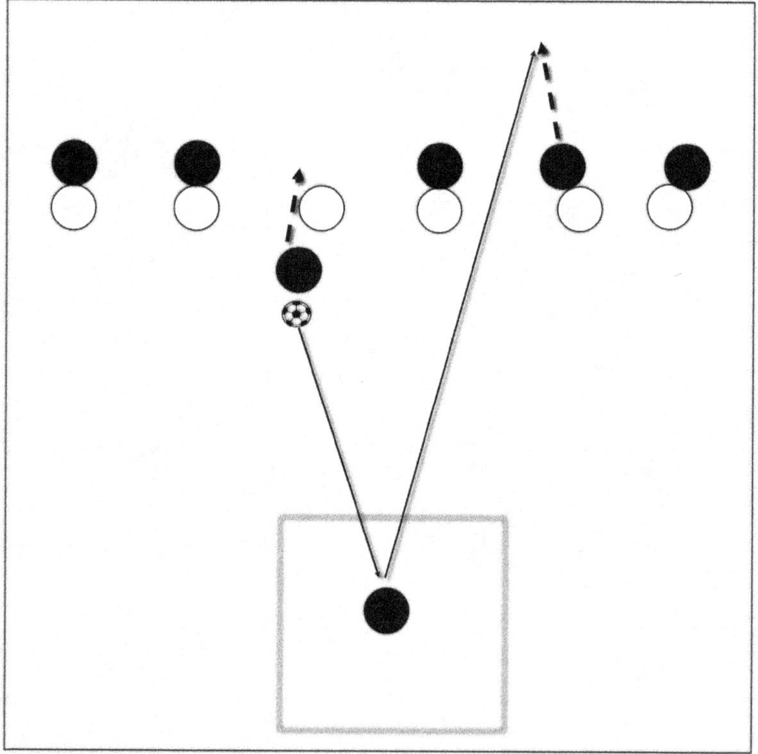

Tarea N° 17	Objetivo Principal	Mejora del pase
	Jugadores	17

Explicación

Un jugador en el cuadrado y los otros jugadores colocados en la disposición de la imagen. Cuando pasan el balón al jugador del cuadrado un jugador se desmarca de apoyo o de ruptura (en corto o en largo) y tiene que pasarle el balón el jugador del cuadrado, recibe, pasa el balón al jugador del cuadrado, vuelve a su sitio y se desmarca otro jugador. Los jugadores irán alternando quién se desmarca y hacia donde. Cuando el jugador recibe en el cuadrado un jugador de los vértices irá a presionar para que no pueda pasar, alternando en cada acción el que lo hace.

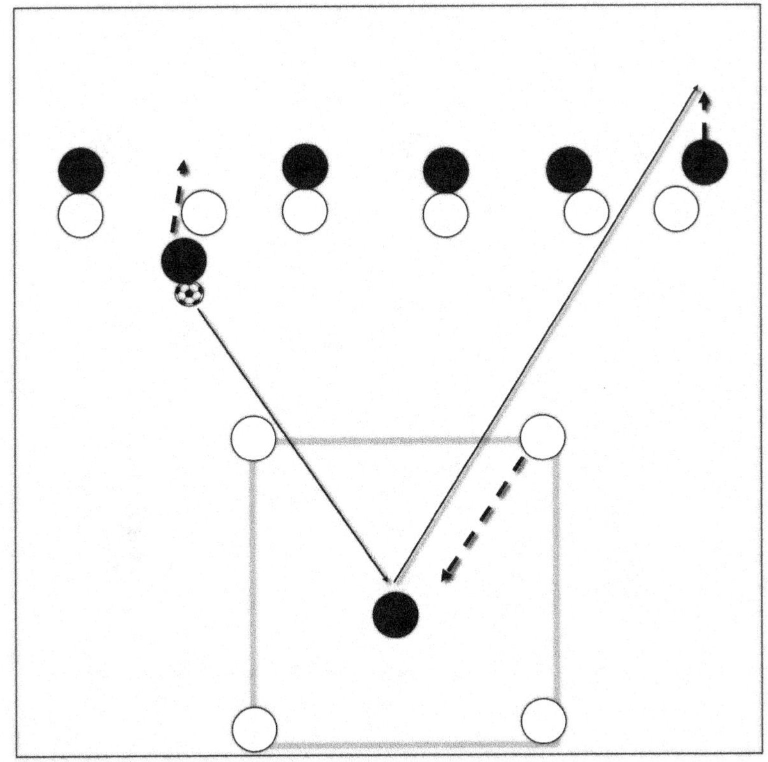

Tarea N° 18	Objetivo Principal	Mejora del pase
	Jugadores	20

Explicación

Dentro del área los jugadores se pasan el balón por parejas y 2 parejas se pasan el balón desde los laterales intentando que llegue al compañero sin tocar ni los balones ni los jugadores que están dentro del rectángulo. Si el balón toca en uno de los que está dentro cambia su rol los de fuera con los de dentro.

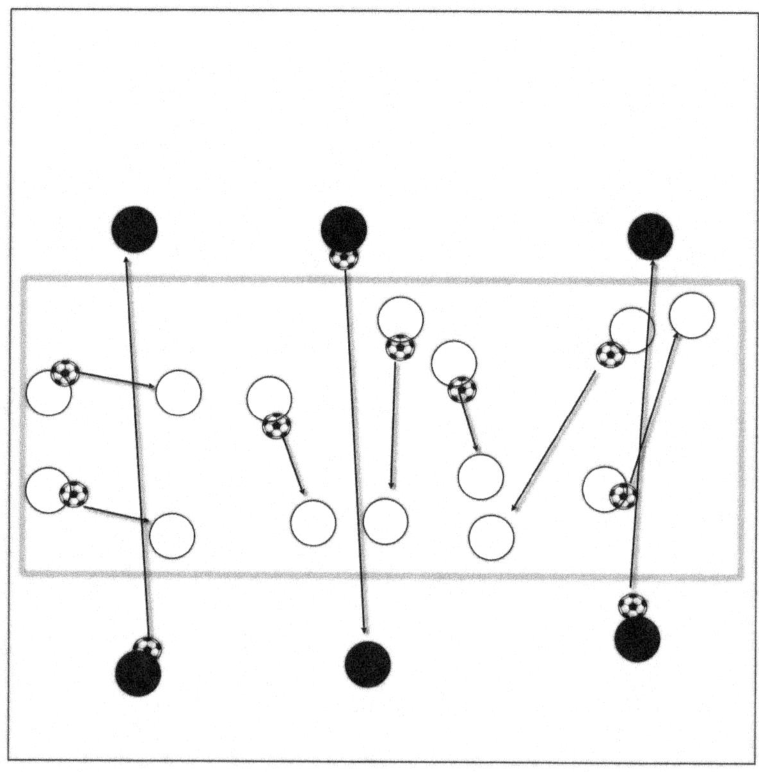

Tarea N° 19	Objetivo Principal	Mejora del pase
	Jugadores	13

Explicación

En la disposición de la imagen, los jugadores pasan al compañero que tienen en frente y tres jugadores intentan interceptar. Si interceptan cambian los roles.

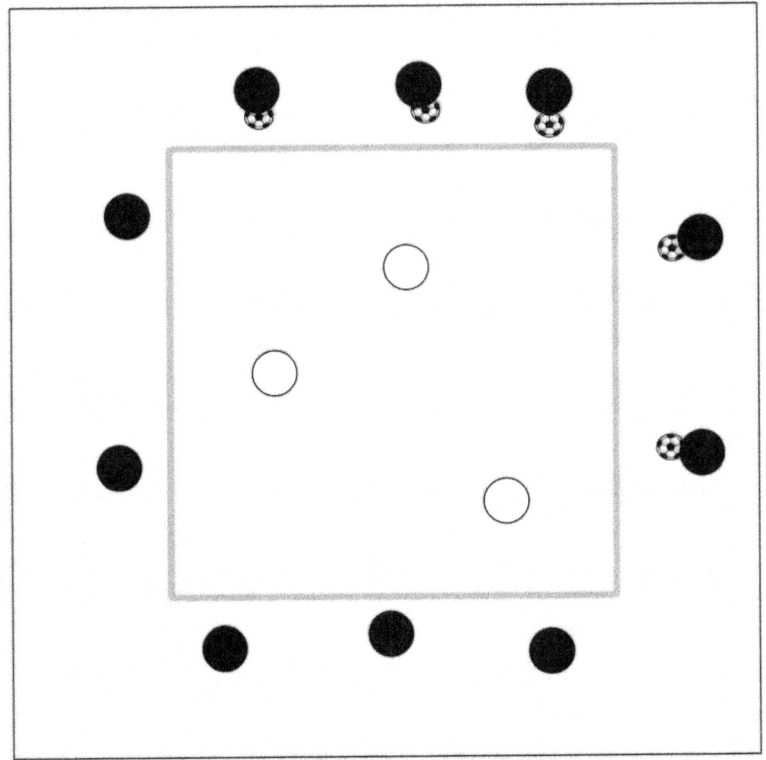

Tarea N° 20	Objetivo Principal	Mejora del pase
	Jugadores	22

Explicación

Dentro de un rectángulo los jugadores se pasan el balón por parejas y 10 jugadores por fuera alrededor del rectángulo, sólo podrán entrar a interceptar los pases, no podrán entrar para presionar. Al jugador que le intercepten el pase cambiará el rol con el de fuera.

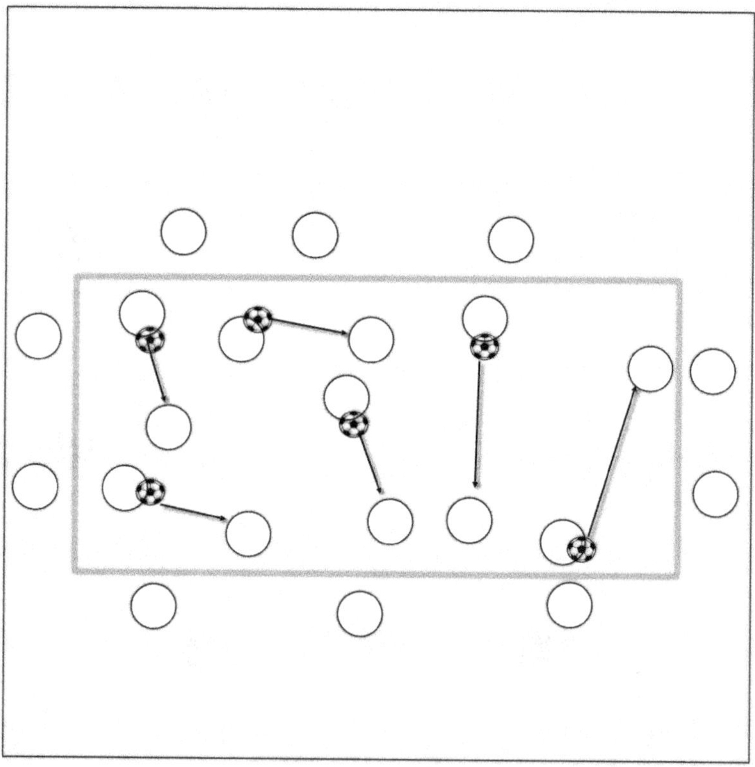

Tarea N° 21	Objetivo Principal	Mejora del pase
	Jugadores	16
Explicación		

Dentro de un rectángulo los jugadores se pasan el balón por parejas en movimiento y cuatro jugadores por dentro del rectángulo, intentarán interceptar los pases,

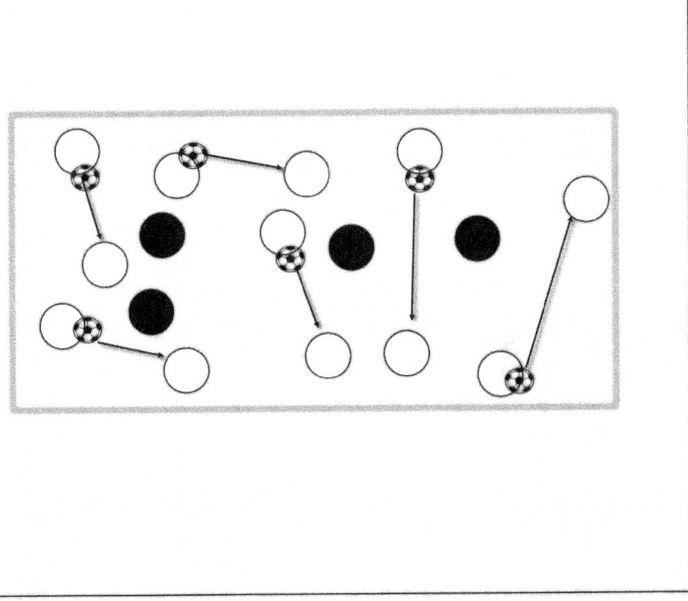

Tarea N° 22	Objetivo Principal	Mejora del pase
	Jugadores	13 (4x4+5)

Explicación

Jugarán 4 contra 4 en el interior del cuadrado y habrá 4 comodines exteriores y un comodín en el cuadrado del centro que participarán con el equipo que no tiene balón. Los comodines, solo podrán entrar en el cuadrado para anticipar y pasar al equipo que recuperó. Siempre serán del equipo que no tiene el balón.

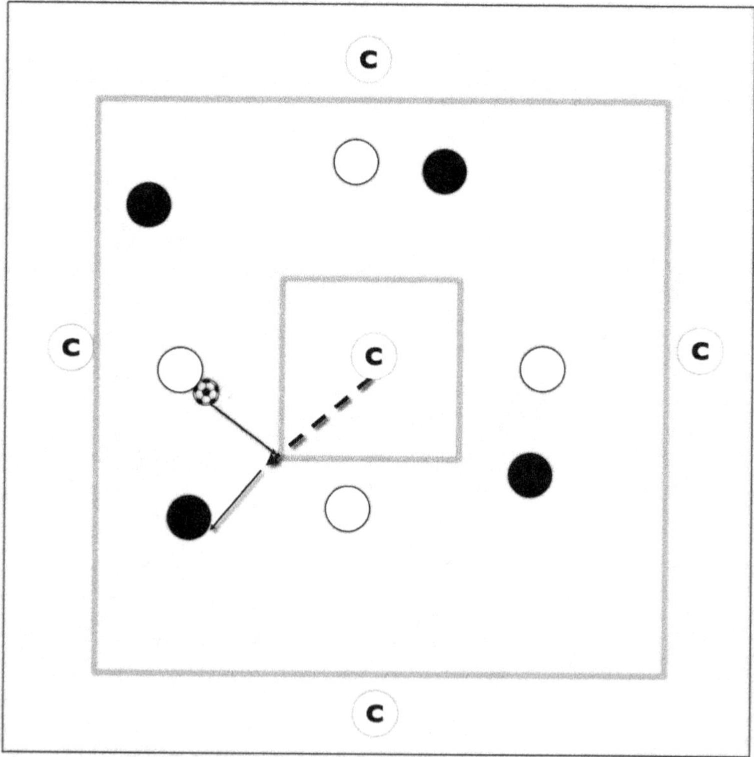

Tarea N° 23	Objetivo Principal	Mejora del pase
	Jugadores	3 (2x1)

Explicación

Los jugadores situados como en la imagen se pasarán el balón entre ellos y en el centro un jugador intentará interceptar el pase pudiendo moverse de manera lateral en el pasillo.

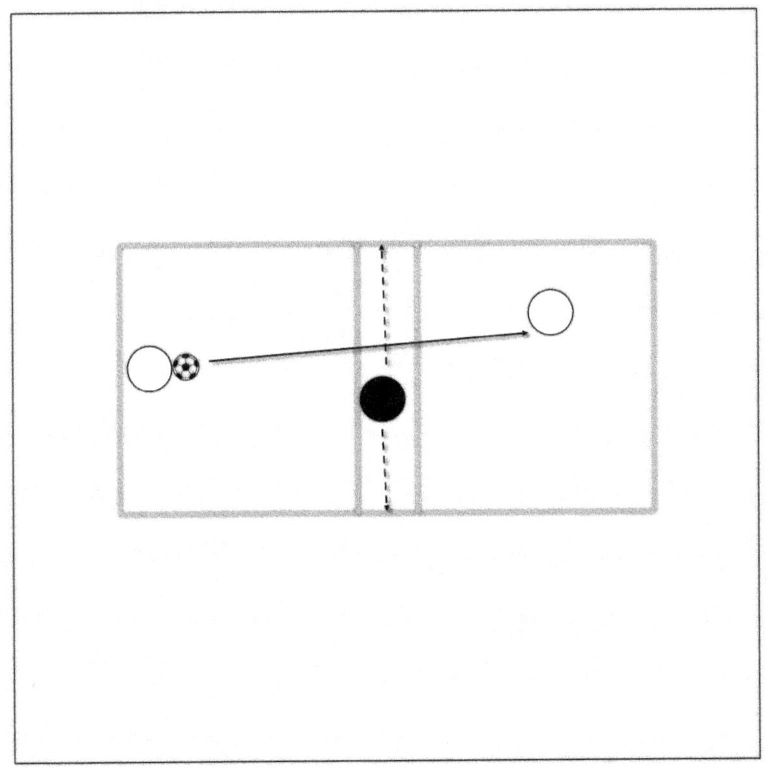

Tarea N° 24	Objetivo Principal	Mejora del pase
	Jugadores	3

Explicación

Los jugadores situados como en la imagen se pasarán el balón "simulando un partido de "tenis-fútbol" entre ellos y en el centro un jugador intentará interceptar el pase pudiendo moverse de manera lateral en el pasillo.

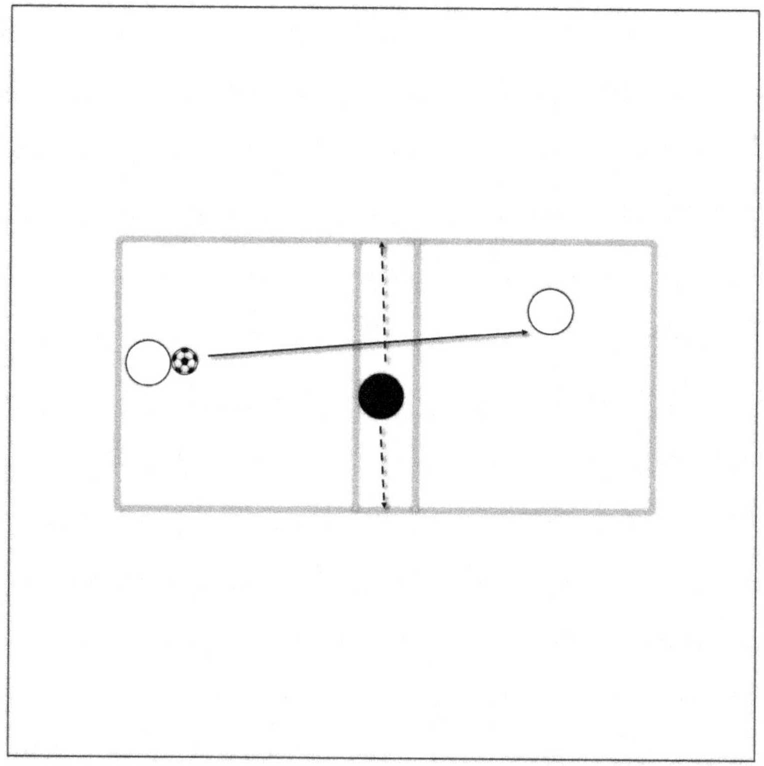

Tarea N° 25	Objetivo Principal	Mejora del pase
	Jugadores	3

Explicación

Los jugadores situados como en la imagen. Pasarán el balón al compañero cuando el jugador del pasillo entre en el cuadrado para robar. Si roba el del pasillo cambia el rol con el jugador que perdió.

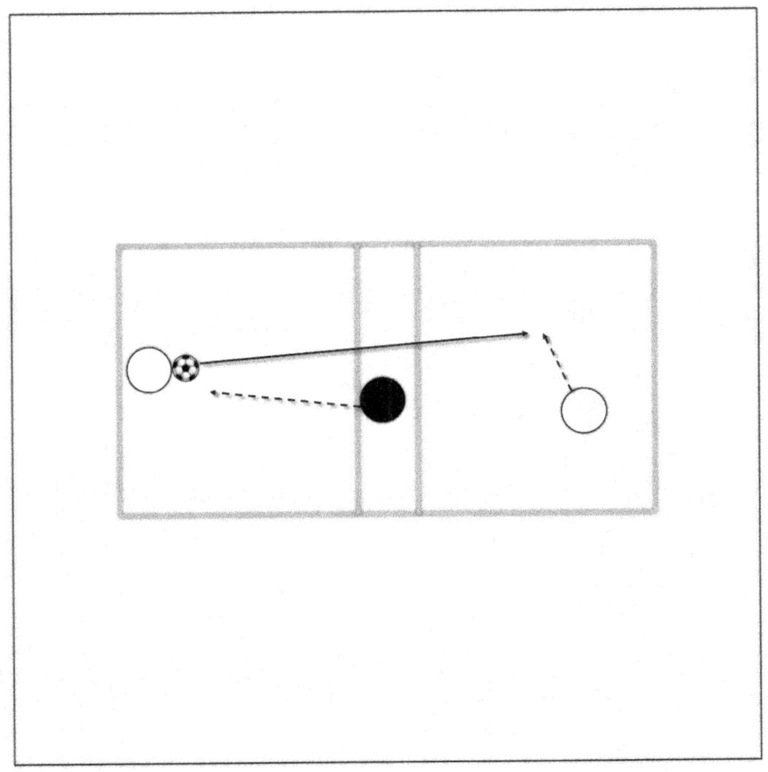

Tarea N° 26	Objetivo Principal	Mejora del pase
	Jugadores	4 (2x2)

Explicación

Los jugadores situados como en la imagen se pasarán el balón entre ellos (blancos), en el centro un jugador intentará interceptar el pase pudiendo moverse de manera lateral en el pasillo y otro presionará cuando reciban. El jugador que presiona en un cuadrado, intercepta desde el centro cuando el balón esté en el otro.

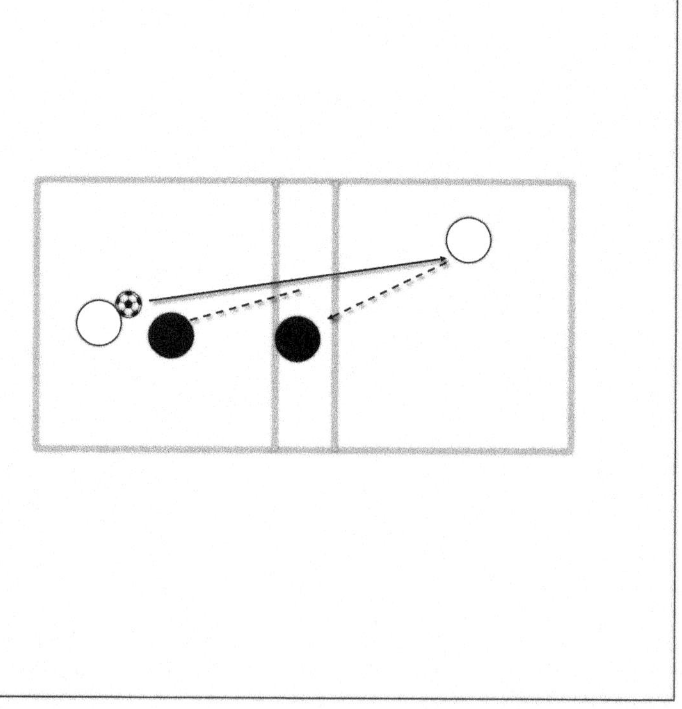

Tarea N° 27	Objetivo Principal	Mejora del pase
	Jugadores	5 (2x3)

Explicación

Los jugadores situados como en la imagen se pasarán el balón entre ellos, en el centro un jugador intentará interceptar el pase pudiendo moverse de manera lateral en el pasillo y otro por detrás de cada uno de ellos entrará a presionar cuando reciban, cuando no esté el balón en el cuadrado estarán fuera del mismo.

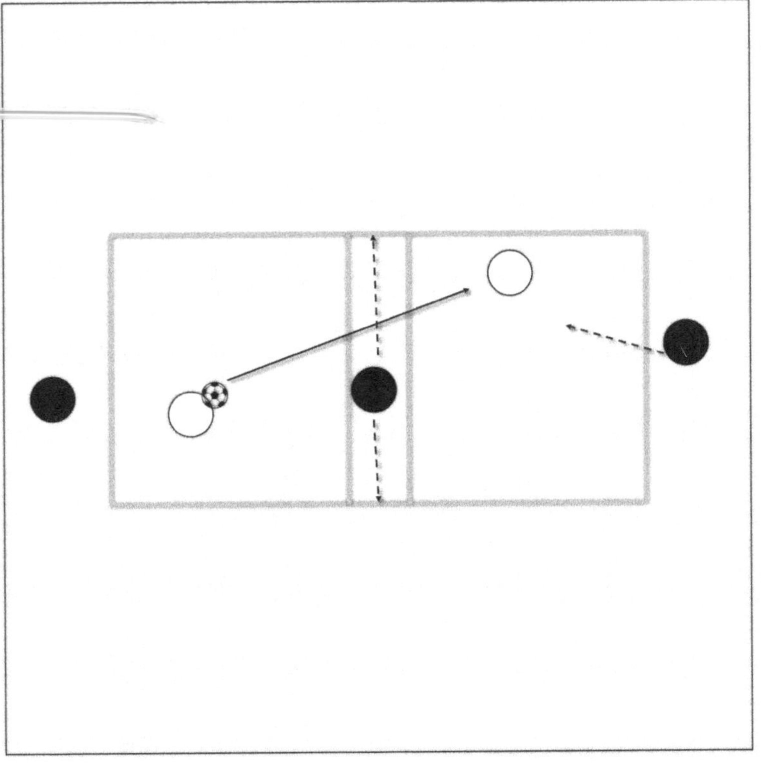

Tarea N° 28	Objetivo Principal	Mejora del pase
	Jugadores	3

Explicación

Los jugadores situados como en la imagen se pasarán el balón entre ellos, en el centro un jugador intentará que no lo consigan pudiendo moverse de manera lateral en el pasillo. El jugador número 3 tendrá que desmarcarse al pasillo para recibir y devolver al compañero.

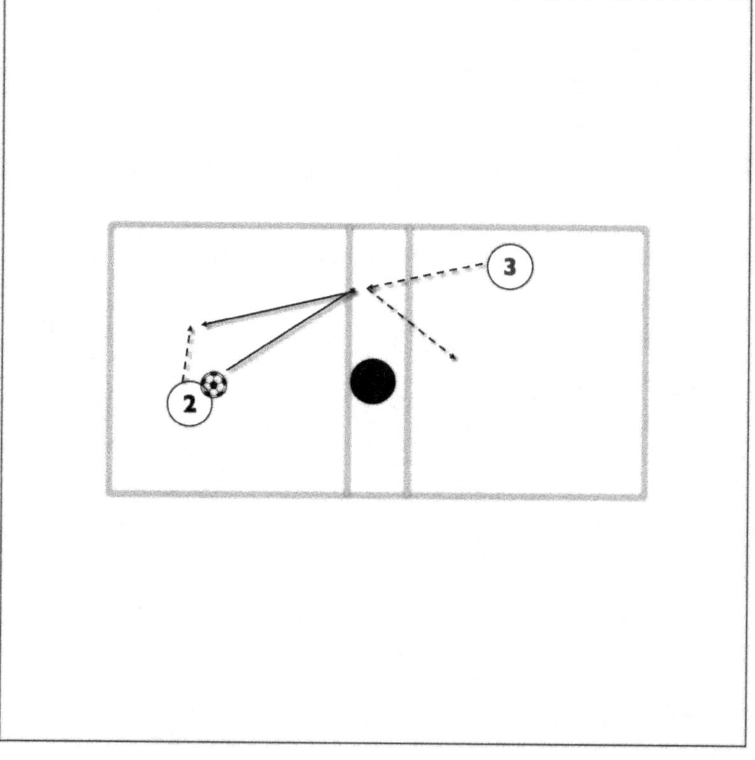

Tarea N° 29	Objetivo Principal	Mejora del pase
	Jugadores	4 (2x2)

Explicación

Los jugadores situados como en la imagen. Los jugadores del equipo blanco se pasarán el balón entre ellos, en el centro un jugador intentará interceptar el pase pudiendo moverse de manera lateral en el pasillo y otro en la zona donde esta el jugador numero 3. El jugador número 3 tendrá que desmarcarse a cualquiera de los pasillos para recibir y devolver al compañero. El jugador 2 sólo podrá jugar en el pasillo central o en su cuadrado.

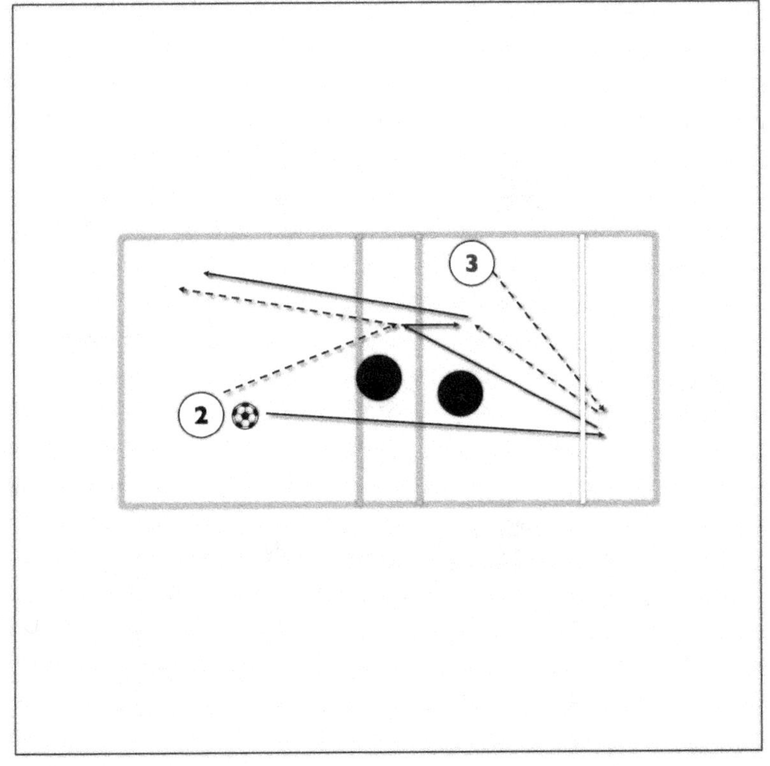

Tarea N° 30	Objetivo Principal	Mejora del pase
	Jugadores	9 (2x1+6)

Explicación

Los jugadores situados como en la imagen se pasarán el balón entre ellos, en el centro un jugador intentará impedir el pase pudiendo moverse de manera lateral en el pasillo y los otros tres que están alrededor de cada uno de ellos, intentarán anticipar los pases no pudiendo entrar a presionar.

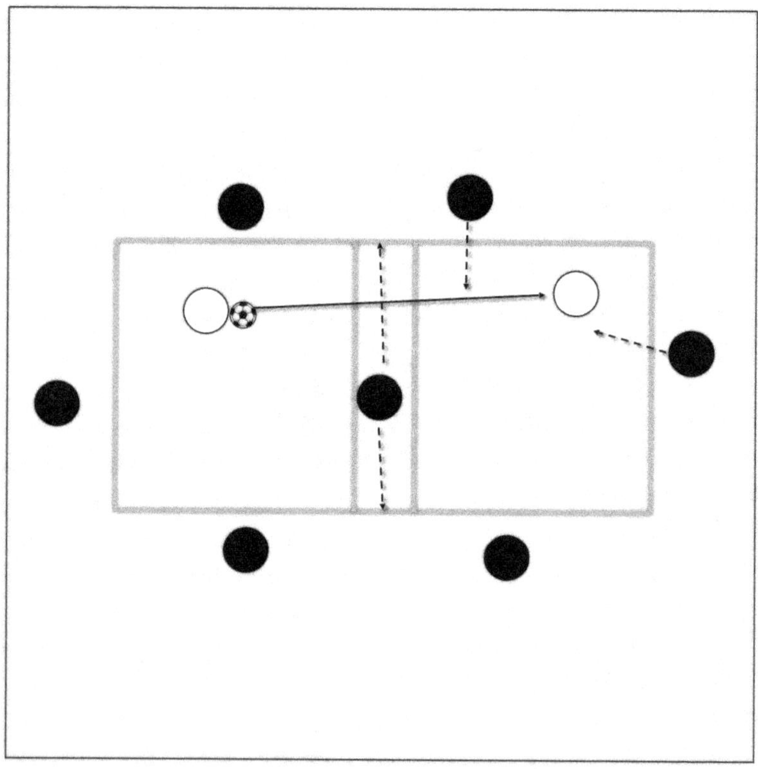

Tarea N° 31	Objetivo Principal	Mejora del pase
	Jugadores	7 (4x3)

Explicación

Los jugadores situados como en la imagen se pasarán el balón entre ellos, en el centro un jugador entrará a presionar, cuando lo haga pasarán al jugador libre de la otra zona para seguir manteniendo el balón, esperando atraer a un rival para pasar a un compañero.

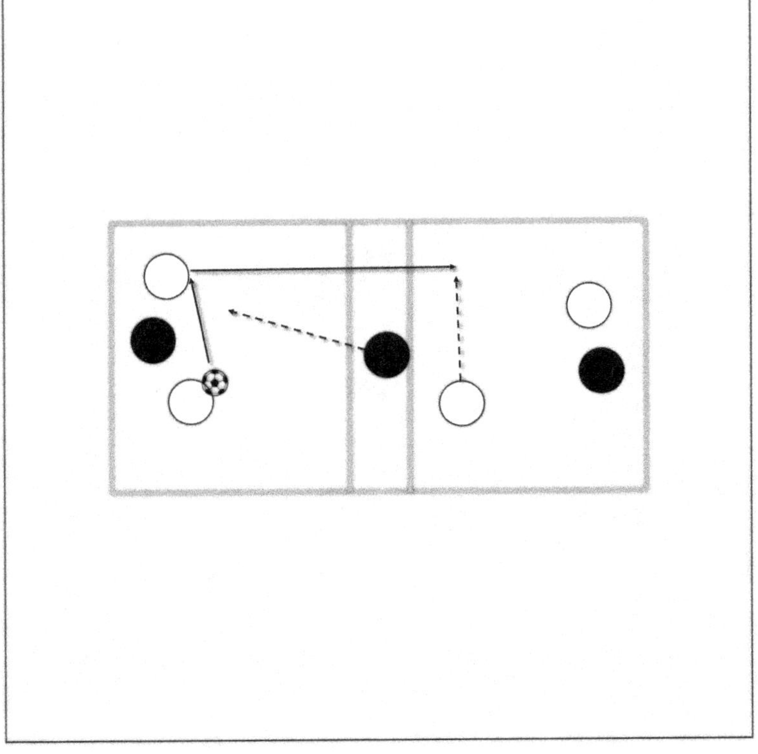

Tarea N° 32	Objetivo Principal	Mejora del pase
	Jugadores	6 (2+2x2)

Explicación

-52-

Los jugadores situados como en la imagen se pasarán el balón entre ellos, en el centro los jugadores irán a presionar pero sólo pueden hacerlo a una de las zonas. Los jugadores con balón cuando atraigan al rival pasarán al otro cuadrado el balón para no perderlo.

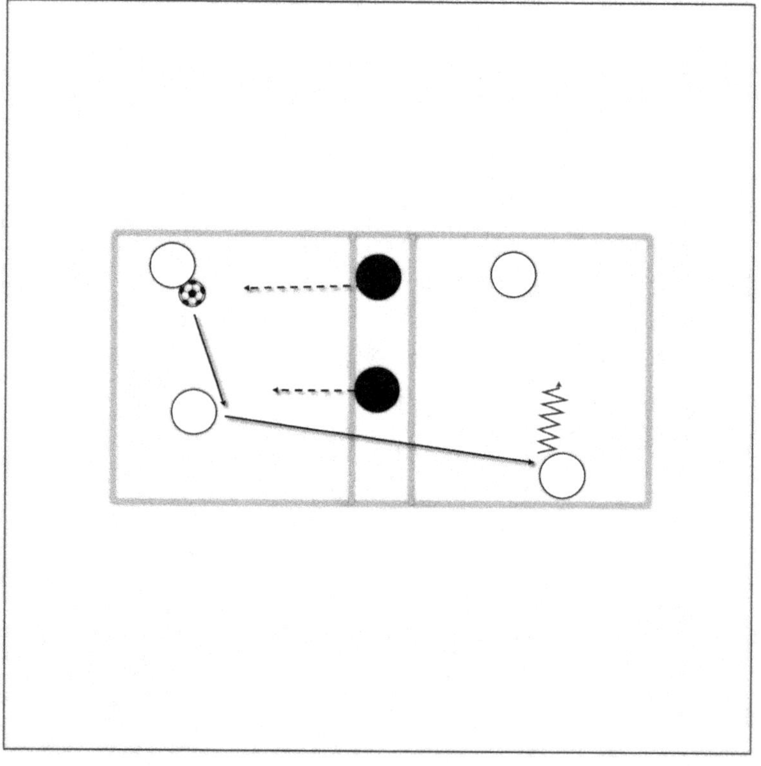

Tarea N° 33	Objetivo Principal	Mejora del pase
	Jugadores	5 (2x3)

Explicación

Los jugadores situados como en la imagen se pasarán el balón entre ellos, en el centro un jugador intentará interceptar el pase pudiendo moverse de manera lateral en el pasillo e intercambiar posiciones con los otros dos jugadores que están en una de las zonas. Los jugadores que están pasando ocuparan y pasarán al espacio que les dejen libres los rivales que no podrán presionar al poseedor del balón y cambiarán de zona solo de manera previa a que se produzca, pero si podrán interceptar en todo momento dentro de su zona.

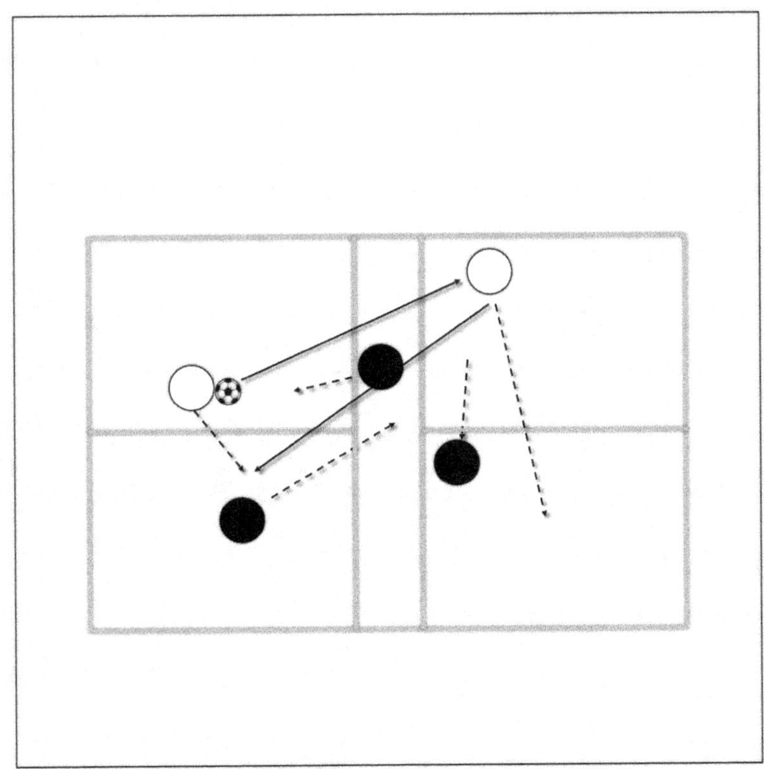

Tarea N° 34	Objetivo Principal	Mejora del pase
	Jugadores	7 (4x3)

Explicación

Los jugadores situados como en la imagen se pasarán el balón entre ellos, Los jugadores del equipo negro cada uno en un pasillo intentarán interceptar el pase pudiendo moverse de manera lateral en su pasillo.

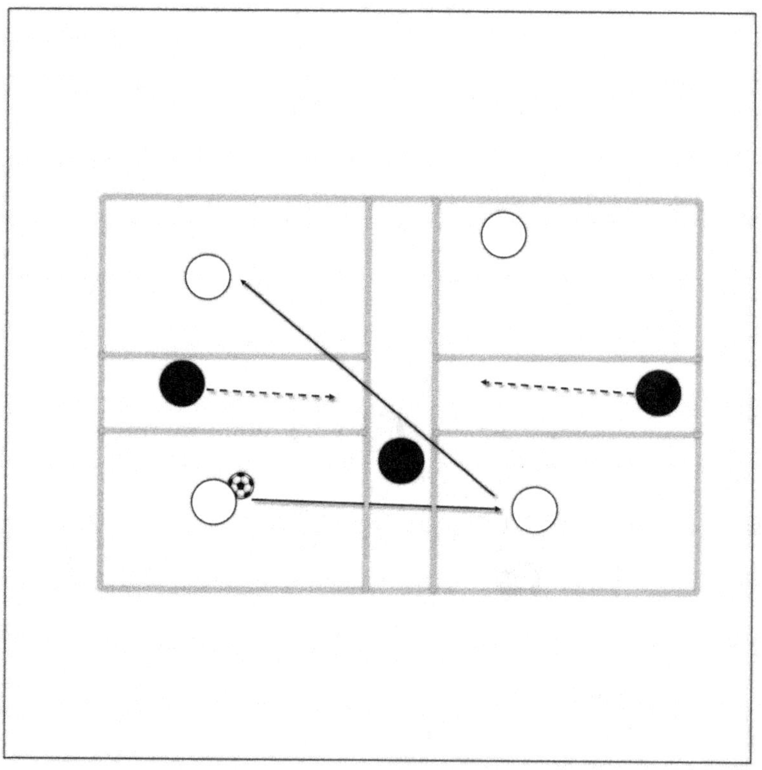

Tarea N° 35	Objetivo Principal	Mejora del pase
	Jugadores	7 (4x3)

Explicación

Los jugadores situados como en la imagen se pasarán el balón entre ellos, los jugadores del equipo negro cada uno en un pasillo intentarán interceptar el pase pudiendo moverse de manera lateral en su pasillo y pudiendo entrar uno a presionar en las zonas de los jugadores del equipo blanco.

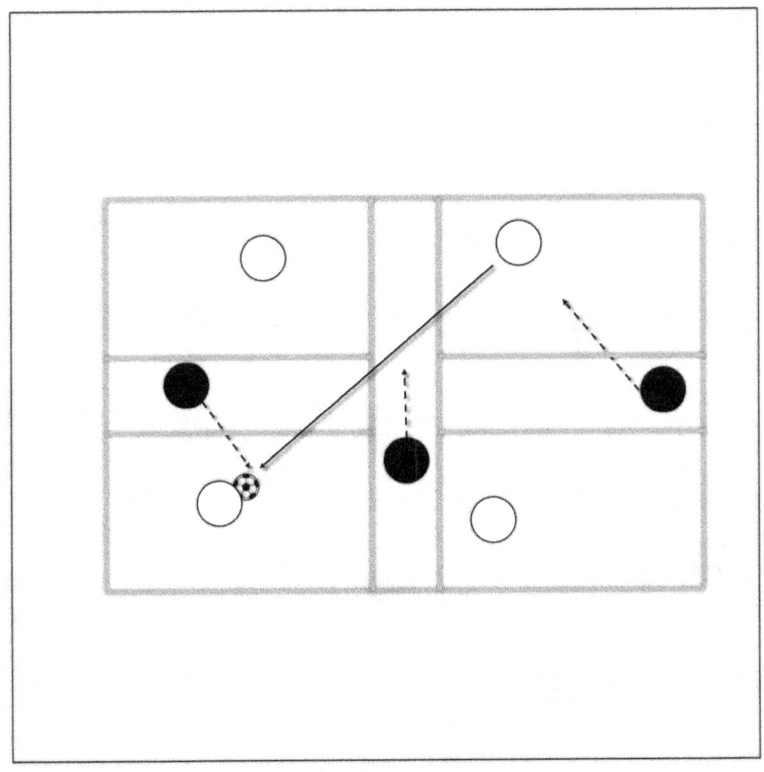

Tarea N° 36	Objetivo Principal	Mejora del pase
	Jugadores	10 (5x4+1)

Explicación

Un equipo se pasa el balón y provoca para que el rival entre a presionar al cuadrado. El equipo que está fuera se coordina para entrar a presionar y cuando lo hacen el equipo que tiene el balón pasará al jugador del otro cuadrado (si entra un solo jugador dentro a presionar podrán pasar el balón al otro cuadrado). Cuando reciba el jugador libre en el otro cuadrado esperará a que todos sus compañeros menos uno, que quedará donde empezaron para esperar el pase, vengan al cuadrado a mantener el balón. El otro equipo (negro) tendrá que entrar a presionar en el otro cuadrado y ellos encontrar al jugador libre. Si roban o interceptan el balón cambiarán los roles

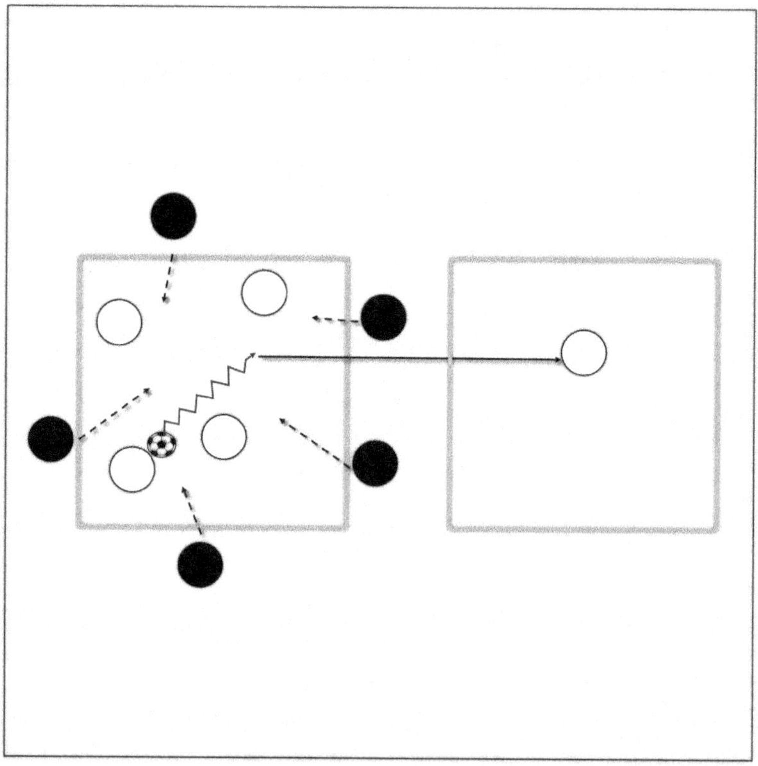

Tarea N° 37	Objetivo Principal	Mejora del pase
	Jugadores	9 (4x4+C)

Explicación

Un equipo tiene el balón y provoca para que el rival entre a presionar al cuadrado pasándose el balón. El equipo que está fuera se coordina para entrar a presionar dejando uno o más jugadores entre los cuadrados para interceptar y cuando entran a presionar el equipo que tiene el balón jugará con el comodín del otro cuadrado. Si entra un solo jugador dentro a presionar podrán pasar el balón al otro cuadrado. Cuando reciba el comodín, les dejará allí el balón, se irá al al cuadrado donde empezaron y de nuevo el otro equipo tendrá que entrar a presionar en el otro cuadrado (dejando jugadores para interceptar) y el equipo blanco pasar cuando lo hagan. Si roban o interceptan el balón cambiarán los roles.

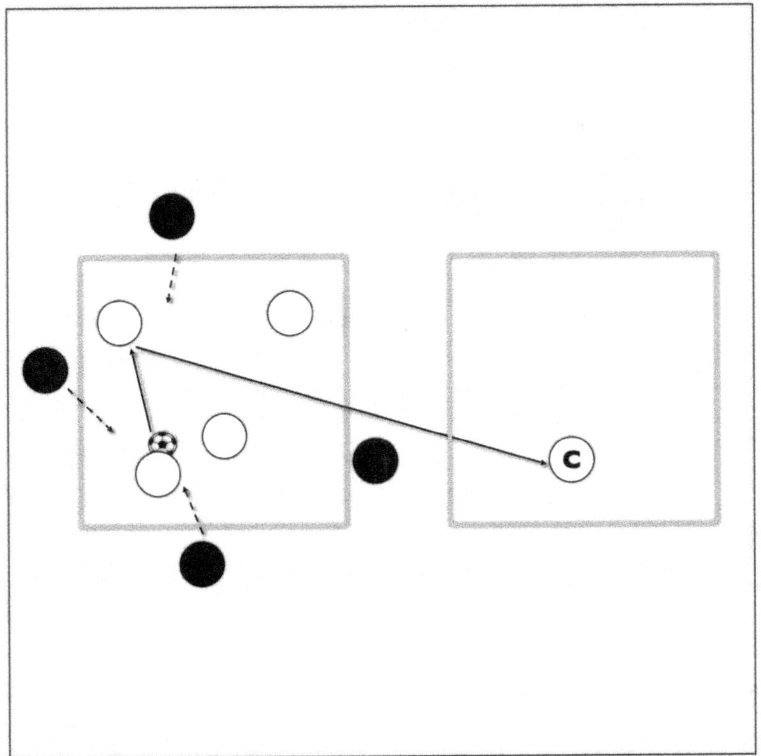

Tarea Nº 38	Objetivo Principal	Mejora del pase
	Jugadores	15 (8x7)

Explicación

En un rectángulo dividido en dos cuadrados, los jugadores se colocan en la disposición de la imagen. El equipo que tiene balón (blanco) intentará atraer a un cuarto jugador del equipo negro a uno de los cuadrados para que intenten recuperar. Cuando lo consiguen, pasan a la otra mitad y mantienen hasta que atraen a otro jugador para volver a pasar.

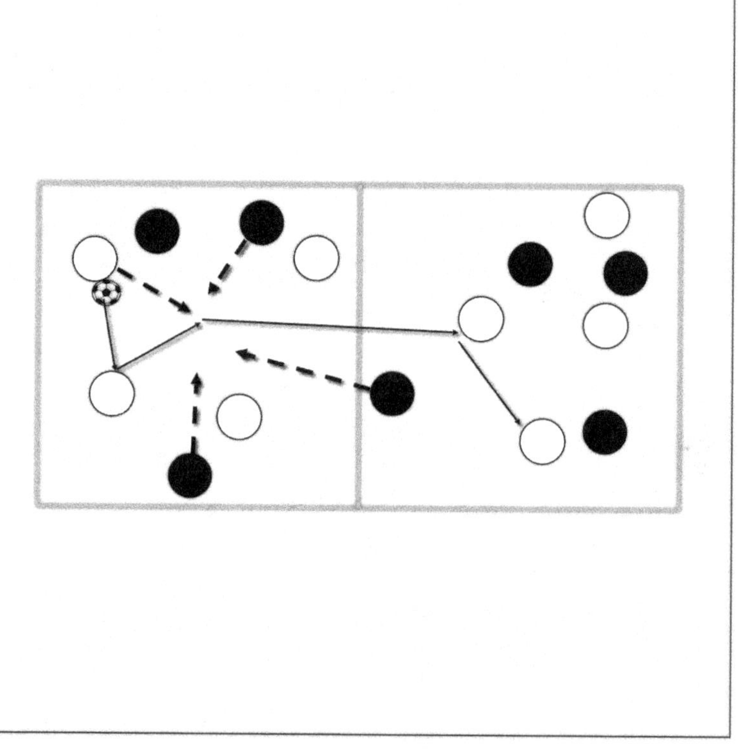

Tarea Nº 39	Objetivo Principal	Mejora del pase
	Jugadores	7 (4x3)

Explicación

Los jugadores distribuidos como en la imagen. Los jugadores blancos se pasan el balón, teniendo un jugador libre en un cuadrado. El jugador que tiene el balón (blanco), recibirá la presión de un jugador, dejando libre a un compañero en un cuadrado para poder pasarle el balón.

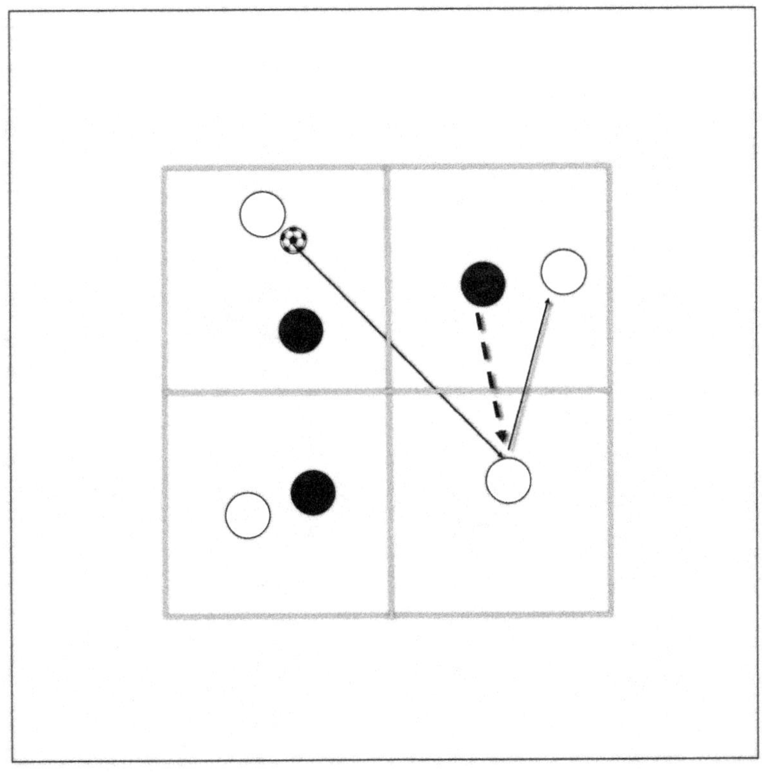

Tarea N° 40	Objetivo Principal	Mejora del pase
	Jugadores	9 (4x4+C)

Explicación

Los jugadores distribuidos como en la imagen. Los jugadores del equipo blanco podrán presionar y tendrán libertad de movimientos para recuperar. Los jugadores del equipo negro cada uno en un cuadrado no podrán salir y apoyados por el comodín mantendrán la posesión del balón buscando un jugador libre. Cuando pierdan el balón cambiarán los roles.

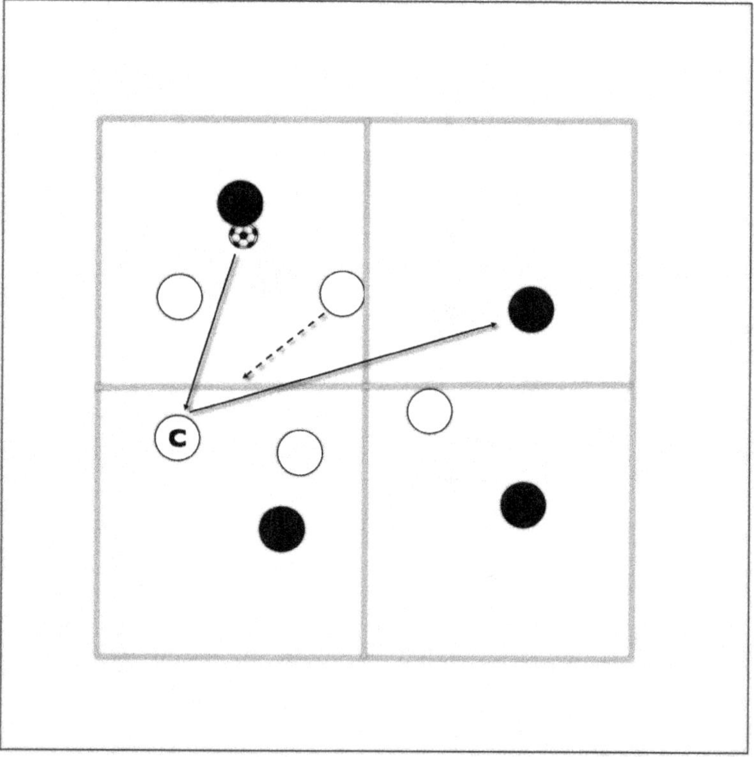

Tarea N° 41	Objetivo Principal	Mejora del pase
	Jugadores	10 (4x4+2C)

Explicación

En un cuadrado dividido en cuatro partes iguales distribuidos los jugadores como en la imagen (uno de cada equipo en cada división). Los comodines tendrán libertad de movimientos y participarán con el equipo poseedor del balón. En el equipo sin balón podrán salir los jugadores a presionar y abandonar su cuadrado para ayudar a un compañero que esté intentando recuperar en inferioridad numérica. El equipo poseedor, una vez que atraiga y libere a un compañero pasará para seguir manteniendo el balón. Si recuperan el balón cambian los roles.

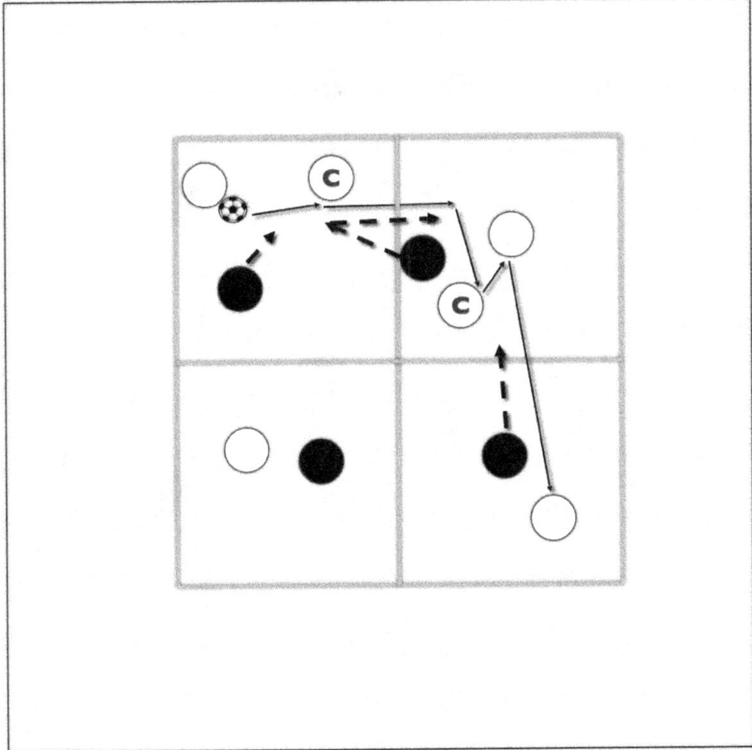

Tarea Nº 42	Objetivo Principal	Mejora del concepto de atraer para pasar
	Jugadores	12 (8x4)

Explicación

Los equipos situados como en la imagen. El equipo negro tiene el balón cuando sean igualdad numérica dentro de su cuadrado pasarán a los compañeros de otro cuadrado para seguir manteniendo el balón.

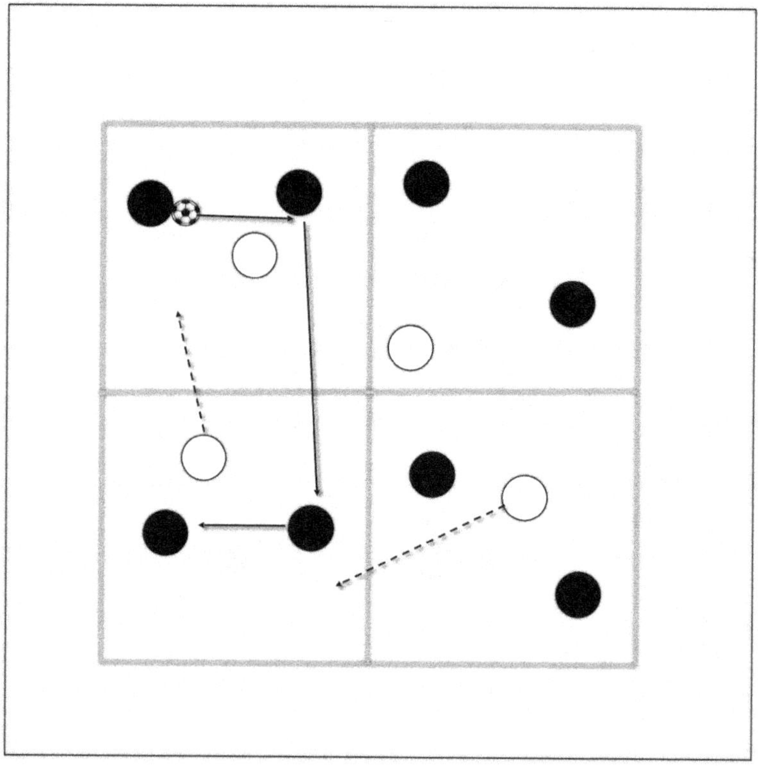

Tarea N° 43	Objetivo Principal	Mejora del pase
	Jugadores	18

Explicación

En un rectángulo dividido en ocho partes iguales distribuidos los jugadores como en la imagen (dos en cada cuadrado, uno de cada equipo) y los comodines y el equipo sin balón con libertad de movimientos. Cada equipo tendrá que mantener la posesión de balón apoyándose en los comodines y pasando a los jugadores que queden libres en sus cuadrados.

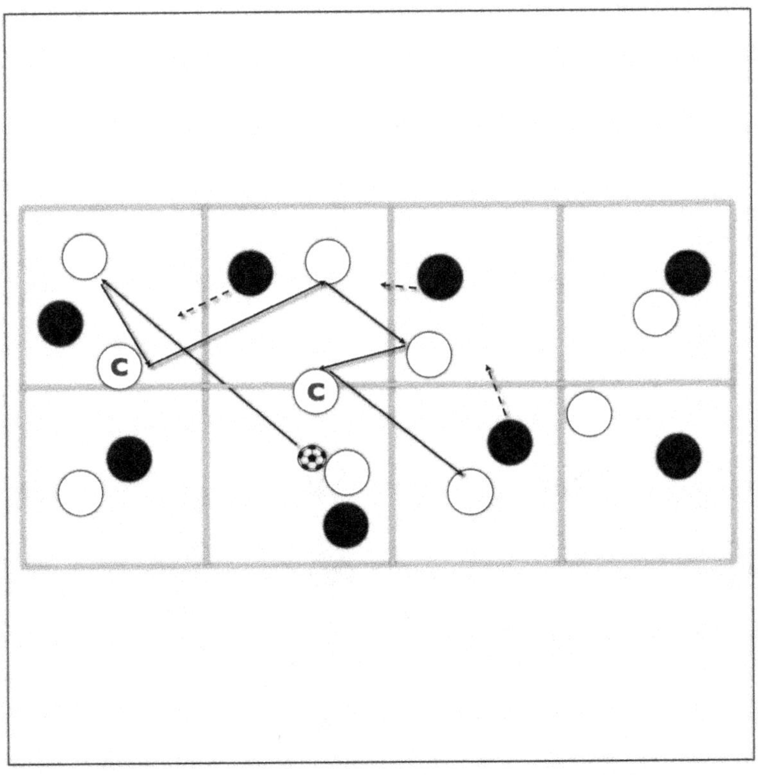

Tarea N° 44	Objetivo Principal	Mejora del pase
	Jugadores	11 (7x4)

Explicación

Los equipos situados como en la imagen. El equipo blanco situado sobre las líneas divisorias y el equipo negro con libertad para moverse por donde quieran intentará atraerlos a los cuadrados para pasar el balón a otras zonas. Los jugadores del equipo blanco tendrán que presionar desde las líneas y coordinados.

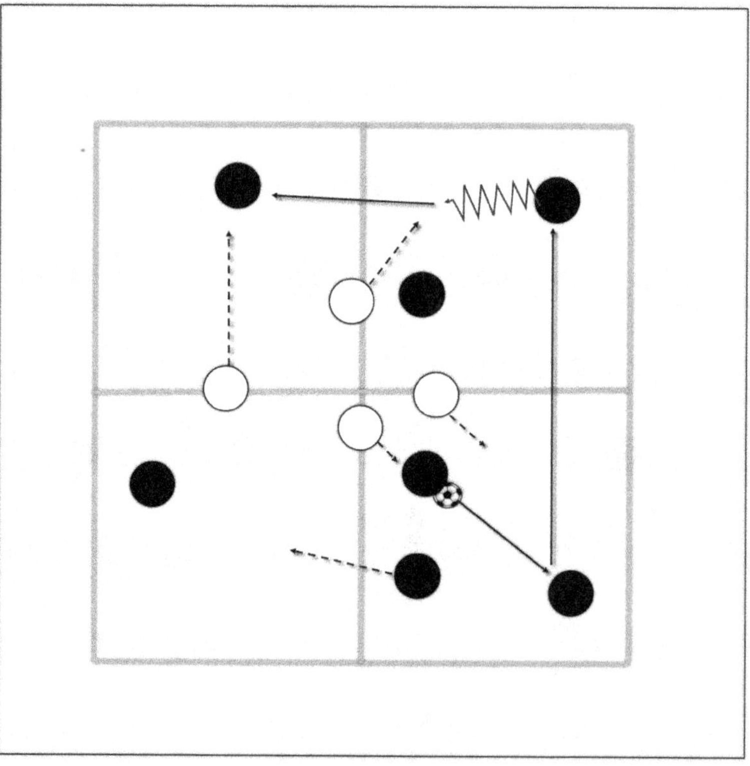

Tarea N° 45	Objetivo Principal	Mejora del pase
	Jugadores	10 (5x5)

Explicación

Los equipos situados como en la imagen. El equipo negro tiene el balón y alternará el cuadrado interior con el exterior según donde esté el equipo contrario. Si consigue meterlos a todos en el cuadrado mayor se meterá en el menor y cuando los tenga dentro se llevará el balón al grande para atraerlos de nuevo. Si el equipo blanco roba cambian el rol.

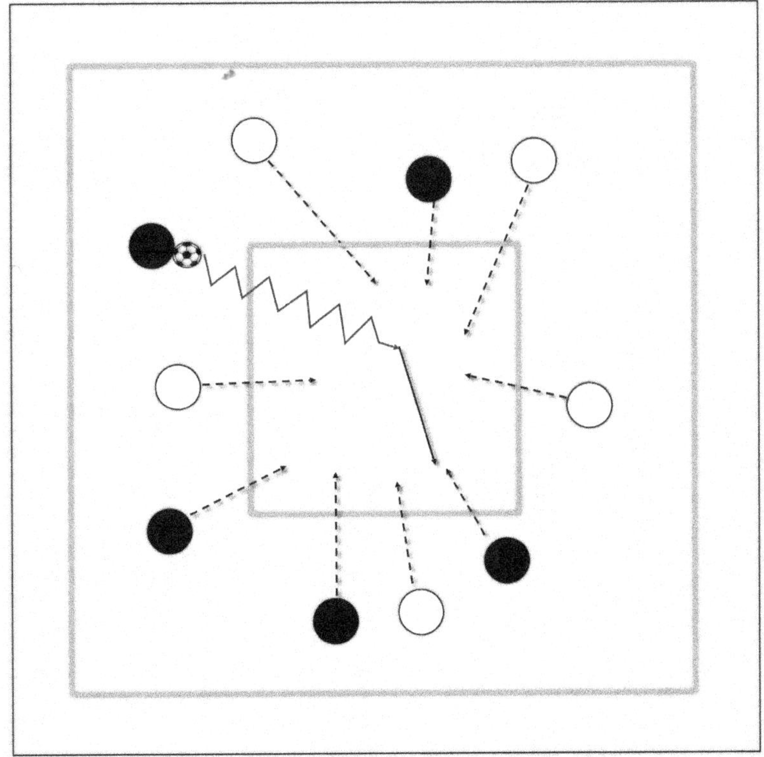

Tarea Nº 46	Objetivo Principal	Mejora del pase
	Jugadores	8 (4x4)

Explicación

En un cuadrado dividido en dos partes un equipo tiene que mantener el balón atrayendo a los jugadores rivales de una mitad a otra. Cuando consigan que el equipo contrario se meta en la mitad de campo donde está el balón, pasarán al compañero que está en la otra mitad y será presionado por un rival que está fuera. Los jugadores irán hacia esa mitad, quedando el jugador que pasó esperando que vuelvan y un rival por fuera para presionarle cuando reciba. Si recupera el otro equipo cambian los roles.

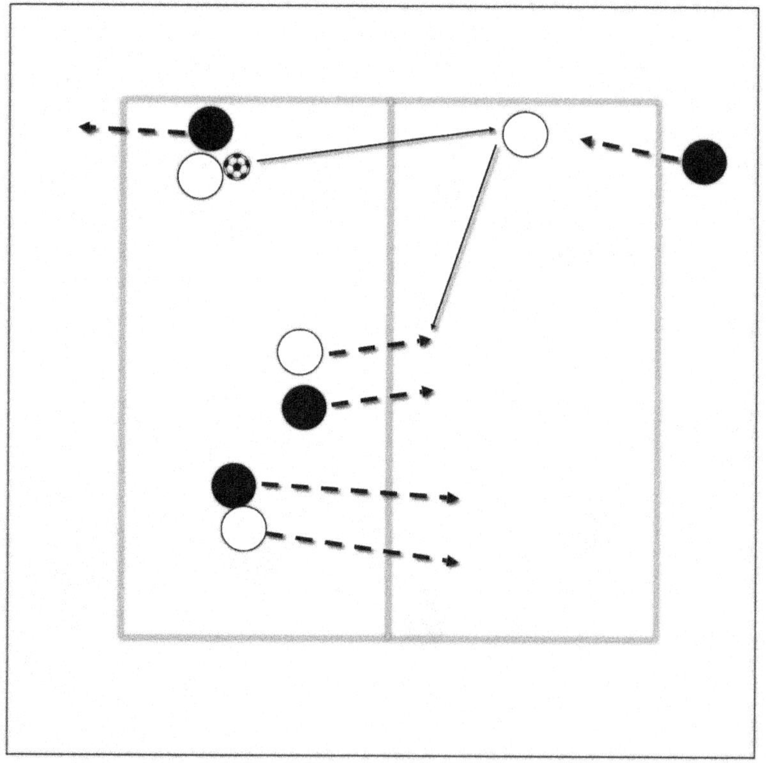

Tarea N° 47	Objetivo Principal	Mejora del pase
	Jugadores	16 (6x6+4)

Explicación

En un rectángulo dividido en tres campos iguales, los equipos se colocarán en la disposición de la imagen. No pudiendo abandonar los jugadores con balón su zona, pudiendo pasar el balón de una a otra para mantener la posesión cuando acumulen rivales en una de ellas. Los comodines participarán con el equipo poseedor del balón.

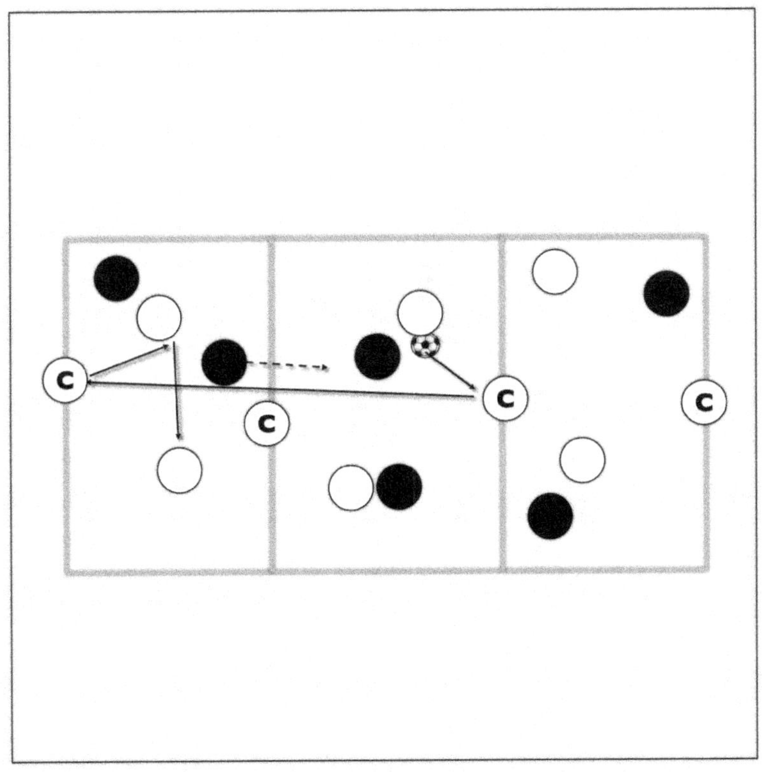

Tarea N° 48	Objetivo Principal	Mejora del pase
	Jugadores	7 (2x2+C+2)

Explicación

En un rectángulo dividido en dos cuadrados y los jugadores distribuidos como en la imagen. El comodín participará con el equipo situado en los laterales (blanco) e intentarán atraer al otro equipo a una mitad y cuando lo consigan el comodín intentará pasar el balón a la otra mitad y volver a atraerlos. Si el equipo negro roba cambia el rol con los jugadores que estaban en la mitad donde robó.

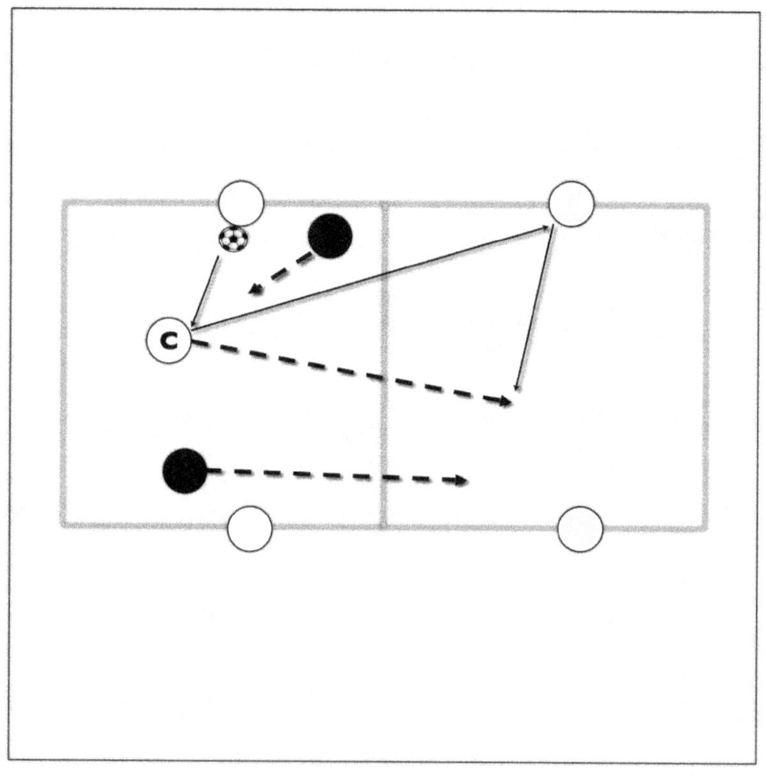

Tarea N° 49	Objetivo Principal	Mejora del pase
	Jugadores	4 (2x1+P)

Explicación

El jugador que está fuera del rectángulo tiene que atravesar el rectángulo para hacer gol. En el rectángulo hay un compañero y un rival esperando y tendrá que atraerlo para pasar al compañero, finalizar la jugada y hacer gol.

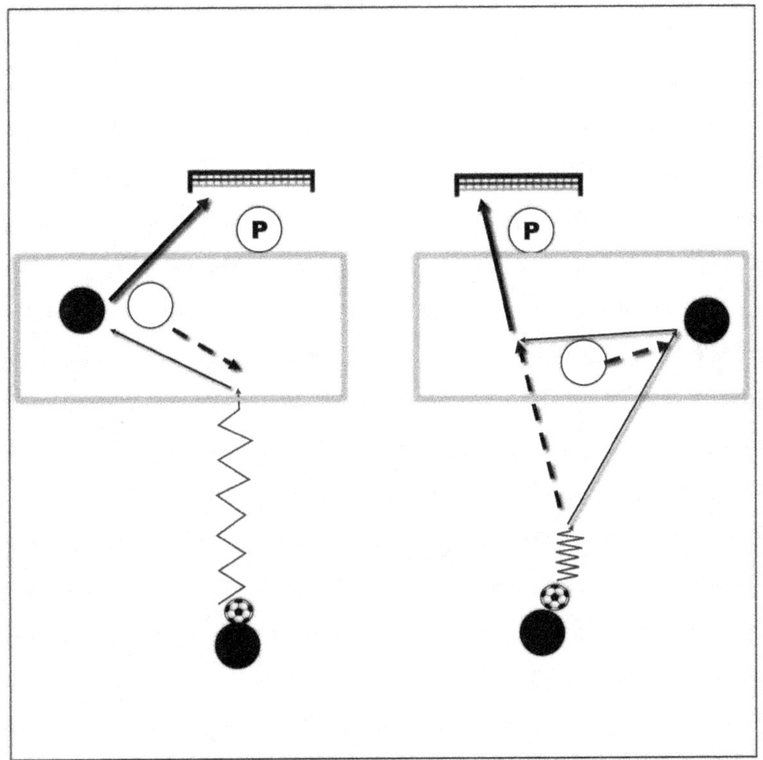

Tarea N° 50	Objetivo Principal	Mejora del pase
	Jugadores	10 (P+4x4+C)

Explicación

En un rectángulo dividido en dos cuadrados, los jugadores se colocan en la disposición de la imagen. El equipo que tiene el balón (blanco) intenta atraer con el balón en el cuadrado alejado de la portería al otro equipo (negro). El equipo negro entrará a presionar y el equipo blanco pasará al comodín para que les pase el balón en el otro cuadrado y hacer gol. Si recupera el equipo negro cambian los roles.

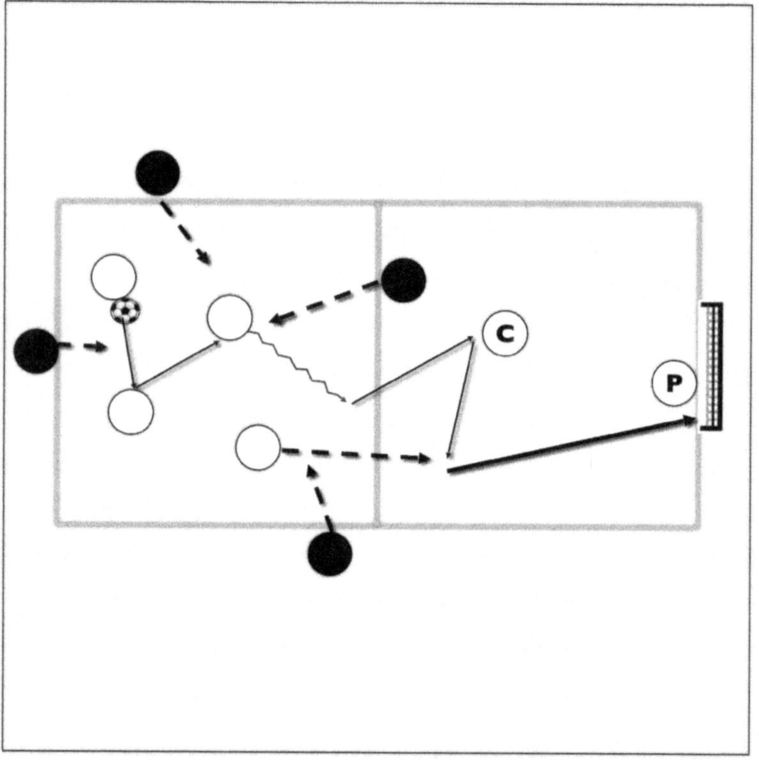

Tarea N° 51	Objetivo Principal	Mejora del pase
	Jugadores	8

Explicación

Los jugadores distribuidos como en la imagen. El jugador del centro pasará con el más alejado de la portería y cuando los jugadores del otro quipo entren a presionar pasarán al compañero cercano a la portería (que se desmarcará) para atacar. Sólo podrán entrar dos a presionar y nunca serán los mismos, ni de los mismos lugares.

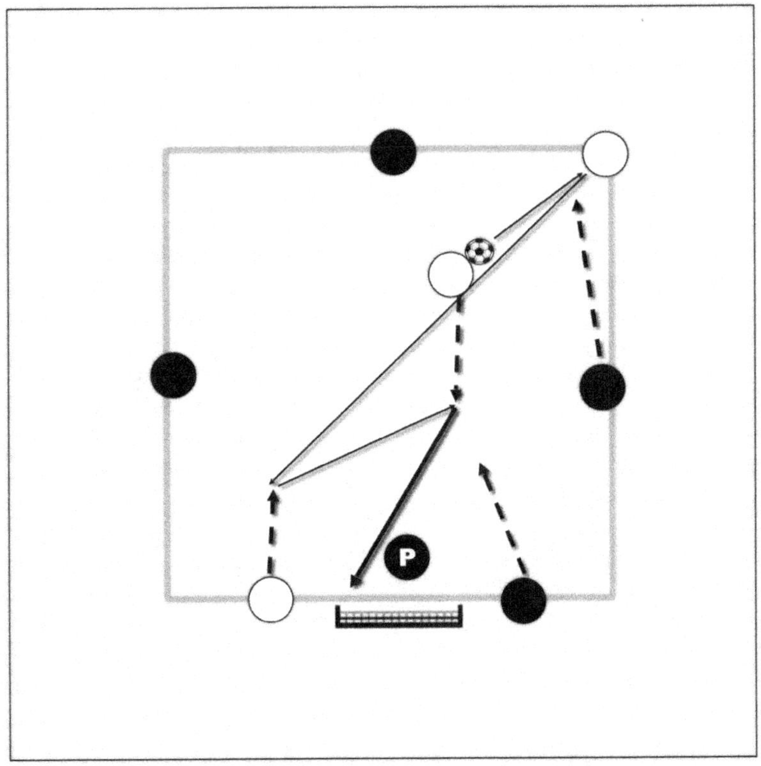

Tarea Nº 52	Objetivo Principal	Mejora del pase
	Jugadores	7

Explicación

Los jugadores distribuidos como en la imagen. El jugador del centro pasará con el más alejado de la portería y cuando los jugadores del otro quipo entren a presionar pasarán al compañero que se desmarque para atacar, que irá cambiando de manera aleatoria.

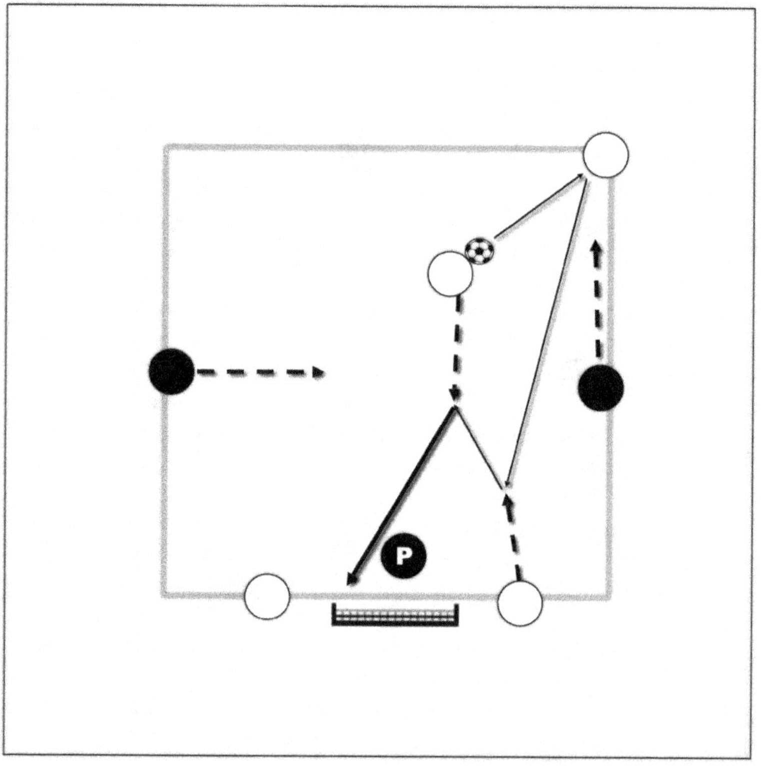

Tarea N° 53	Objetivo Principal	Mejora del pase
	Jugadores	13 (3x3+2x4+P)

Explicación

Los jugadores se distribuyen como en la imagen. Se pasan el balón 3 jugadores (equipo negro) en un cuadrado provocando que entren a presionar los jugadores del otro equipo (blanco). Cuando entran a presionar, los jugadores del equipo negro pasan a uno de los dos jugadores que están fuera, salen para atacar y todo el equipo negro atacará la portería que defienden 4 jugadores blancos y el portero.

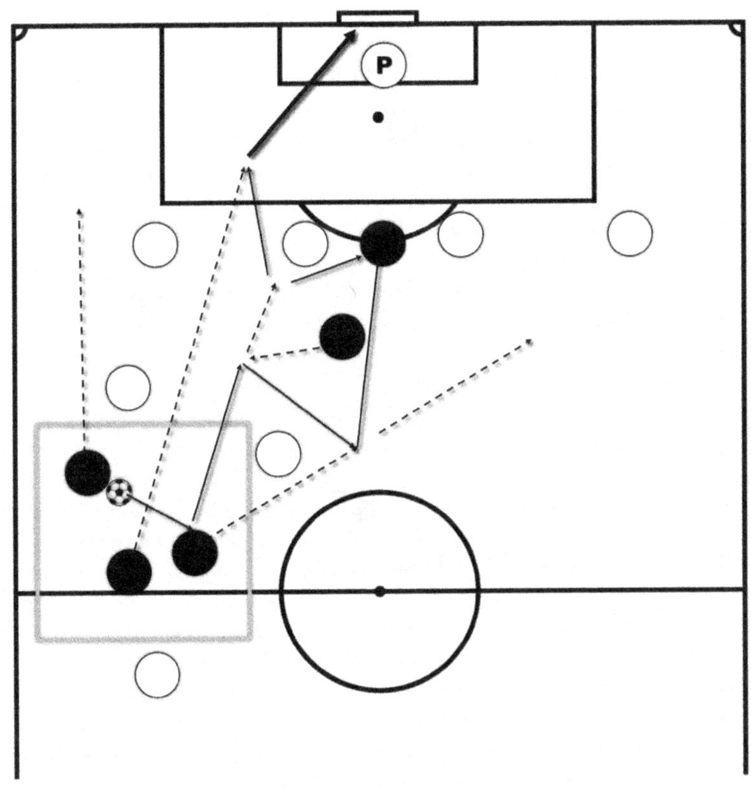

Tarea N° 54	Objetivo Principal	Mejora del pase
	Jugadores	8

Explicación

Los jugadores distribuidos como en la imagen. Los dos jugadores del centro tienen el balón para atraer a los 2 jugadores rivales que irán a presionarles. Cuando vayan a la presión podrán pasar a uno de los compañeros de las esquinas para atacar una de las porterías.

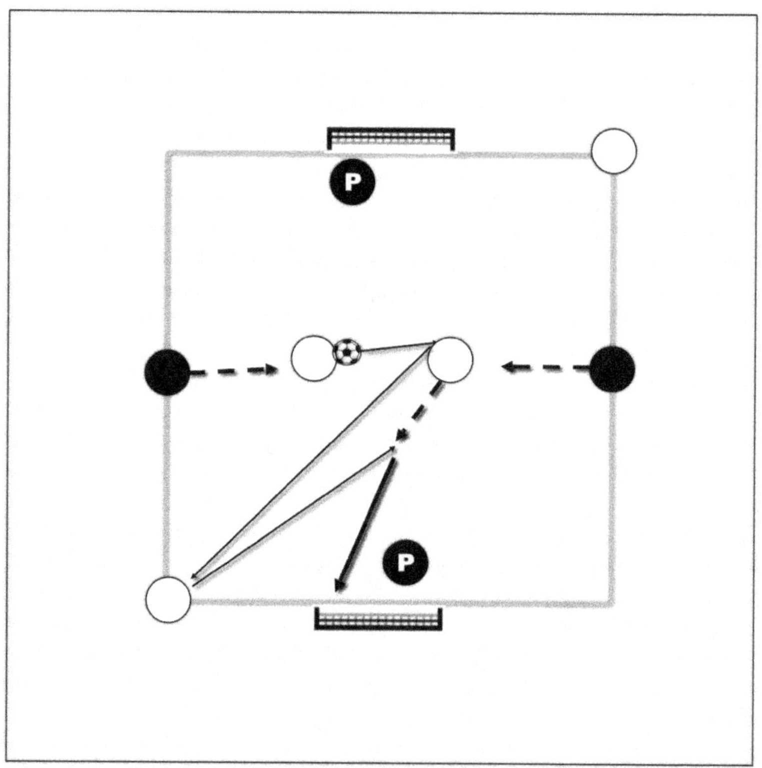

Tarea N° 55	Objetivo Principal	Mejora del pase
	Jugadores	10

Explicación

Los jugadores distribuidos como en la imagen. Los dos jugadores del centro tienen el balón para atraer a dos jugadores rivales que irán a presionarles (irán cambiando en cada ocasión el lugar de donde van a presionar). Cuando vayan a la presión podrán pasar a uno de los compañeros de las esquinas para atacar una de las porterías.

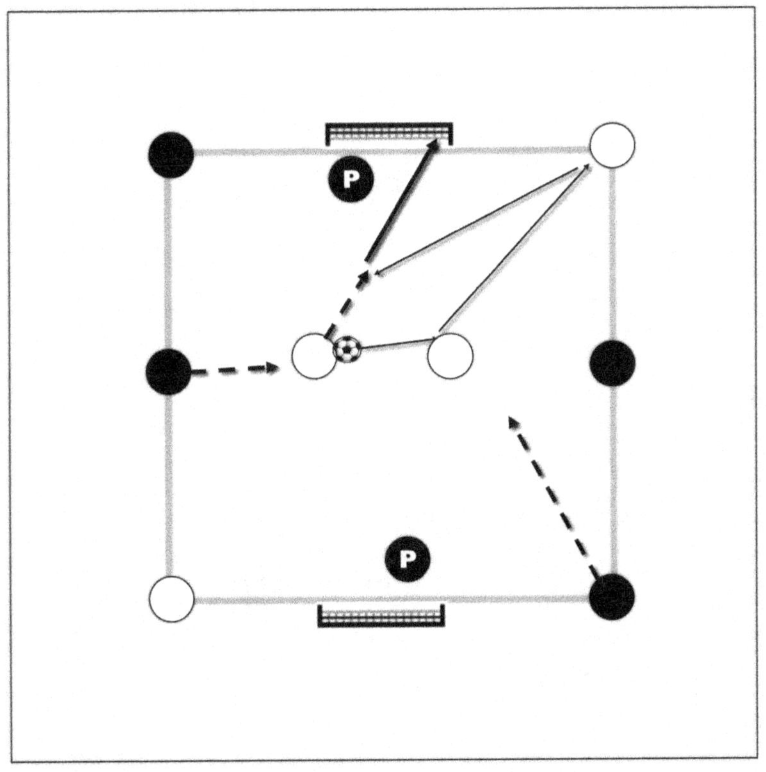

Tarea N° 56	Objetivo Principal	Mejora del pase
	Jugadores	9

Explicación

Los jugadores distribuidos como en la imagen. El jugador del centro tiene el balón e intenta atraer a   dos jugadores rivales que irán a presionarle (irán alternando el lugar desde el que lo harán). Cuando vayan a la presión podrá pasar a uno de los compañeros de las esquinas para atacar una de las porterías.

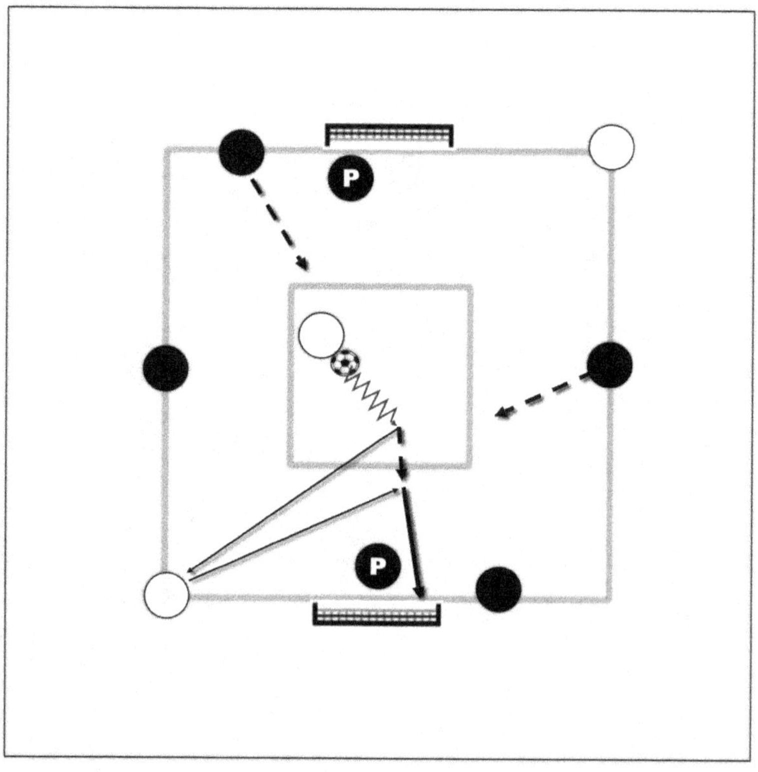

Tarea N° 57	Objetivo Principal	Mejora del pase
	Jugadores	9

Explicación

Los jugadores distribuidos como en la imagen. El jugador del centro tiene el balón e intenta atraer a dos jugadores rivales que irán a presionarle (irán alternando el lugar desde el que lo harán). Cuando vayan a la presión podrá pasar a los compañeros para atacar una de las portería tres contra dos.

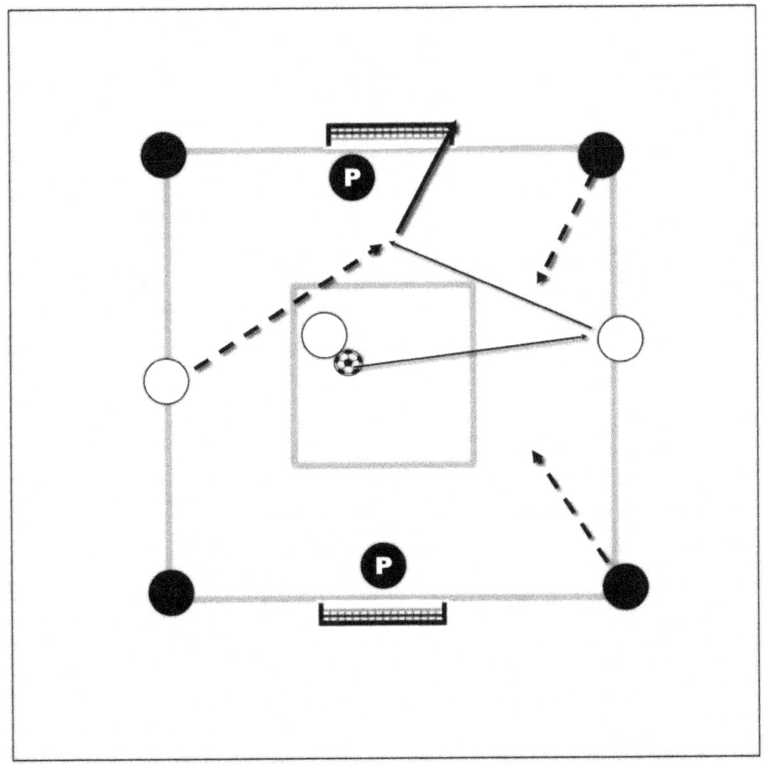

Tarea N° 58	Objetivo Principal	Mejora del pase
	Jugadores	9

Explicación

En un rectángulo dividido como en la imagen y los jugadores en la disposición de la imagen. Los equipo blanco intentará mover a la línea de 4 contraria para poder pasar al compañero o los compañeros adelantados y que finalicen. Si recibe el pase un jugador adelantado, podrán ir los defensores a presionar el tiro.

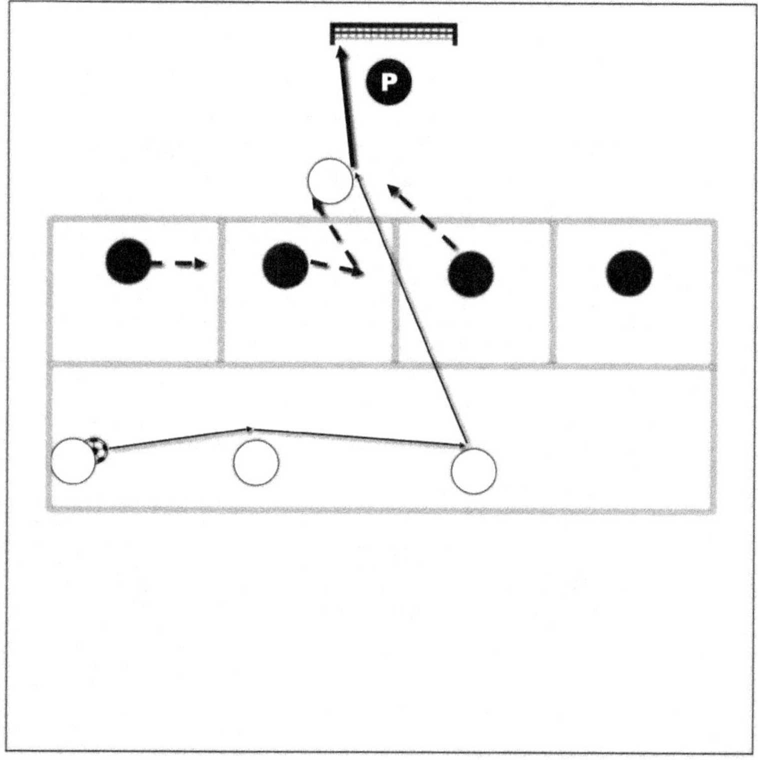

Tarea N° 59	Objetivo Principal	Mejora del pase
	Jugadores	10 (1+P+3x4+P)

Explicación

En un cuadrado dividido en dos partes con dos porterías y porteros, dejando el equipo con balón solo un jugador en una mitad. Los equipos intentarán atraer a los rivales (que presionarán al balón) a una mitad de campo, para pasar al compañero libre y atacar rápido hacia la portería cuando todos los rivales hayan pasado la mitad. Si un equipo recupera cambia el rol con el otro equipo.

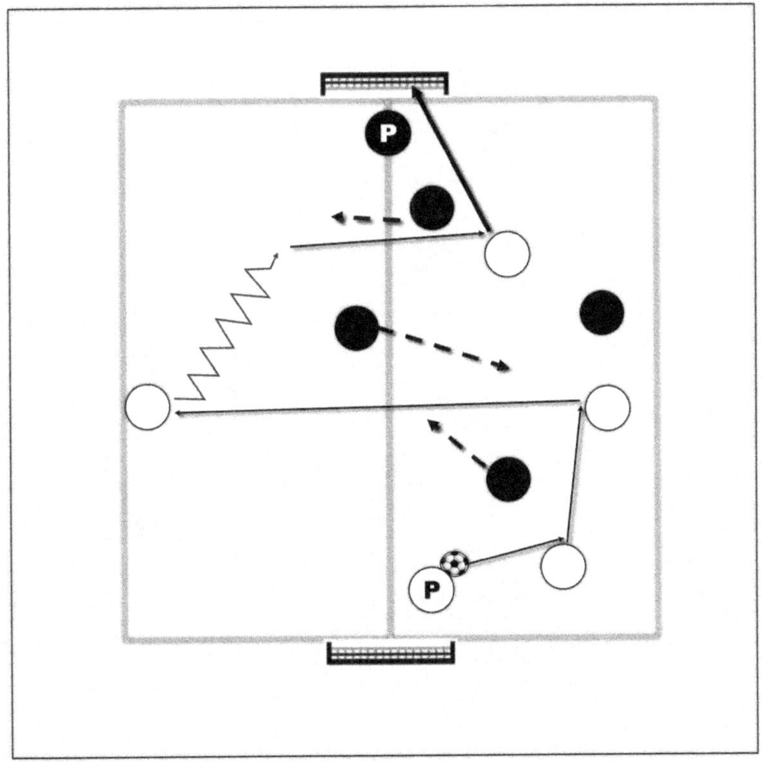

Tarea N° 60	Objetivo Principal	Mejora del pase
	Jugadores	10 (P+4x4+P)

Explicación

En un cuadrado dividido en dos partes con dos porterías y porteros distribuidos como en la imagen. Los equipos intentarán mantener la posesión de balón en la mitad que no están sus porterías para atraer al rival. Cuando el equipo contrario está metido en la mitad pasarán al portero como jugador libre y atacarán la portería rival. Si el equipo contrario roba el balón cambiarán los roles.

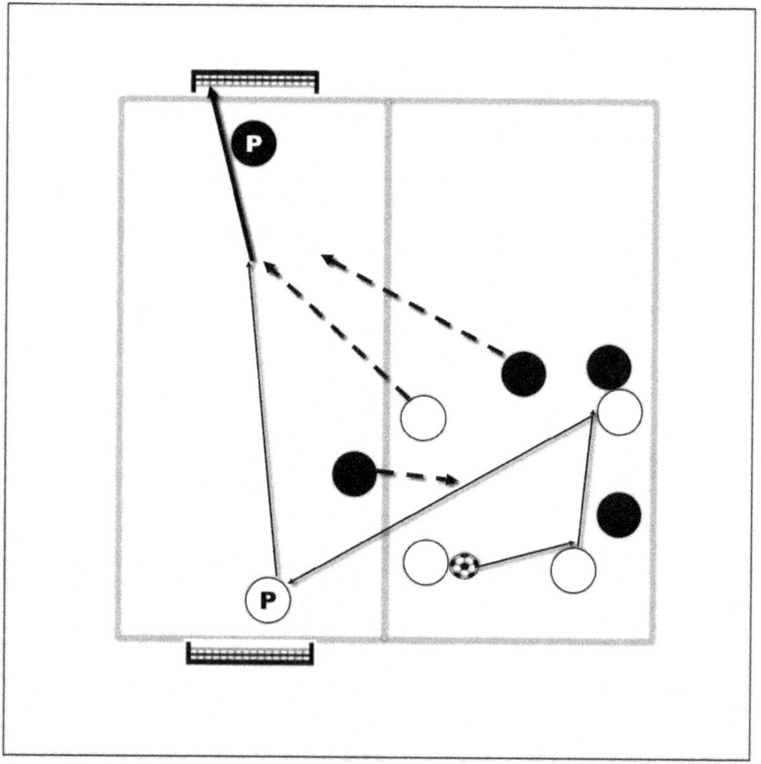

Tarea N° 61	Objetivo Principal	Mejora del pase
	Jugadores	12

Explicación

En un rectángulo dividido en 8 partes iguales distribuidos los jugadores como en la imagen. Los equipos intentarán mover y atraer a la línea contraria para poder pasar al compañero adelantado para que finalice. Si recibe el jugador adelantado podrán ir los defensores a presionar el tiro.

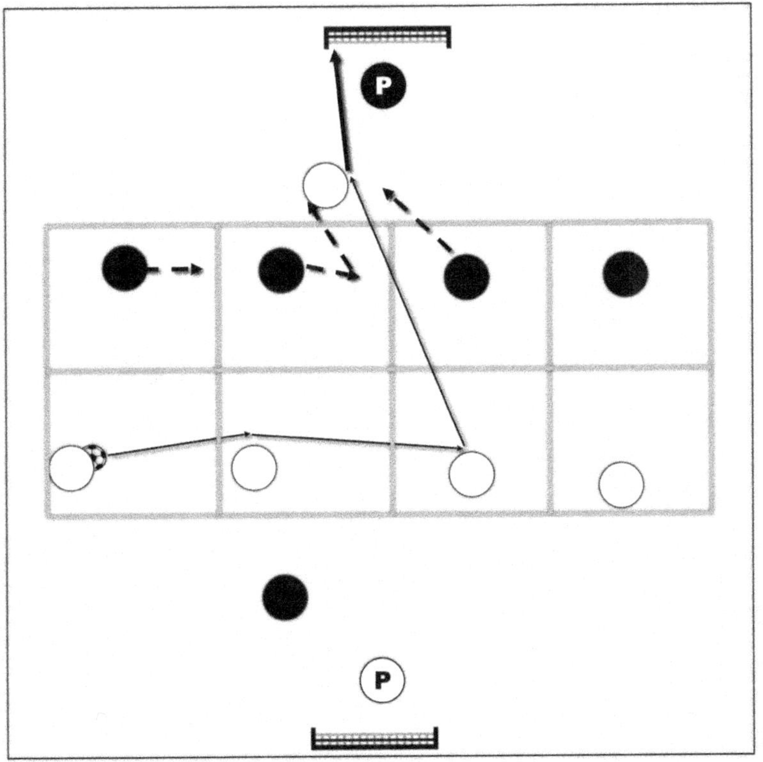

Tarea N° 62	Objetivo Principal	Mejora del pase
	Jugadores	8 (P+3x3+P)

Explicación

Los jugadores distribuidos como en la imagen, el portero tendrá que provocar a los rivales acercándose a la portería contraria y generar situaciones de 2 contra uno o atraer a los jugadores del equipo contrario para pasar al jugador que quede libre para avanzar y hacer gol. Si el rival roba intenta hacer gol y cambian los roles.

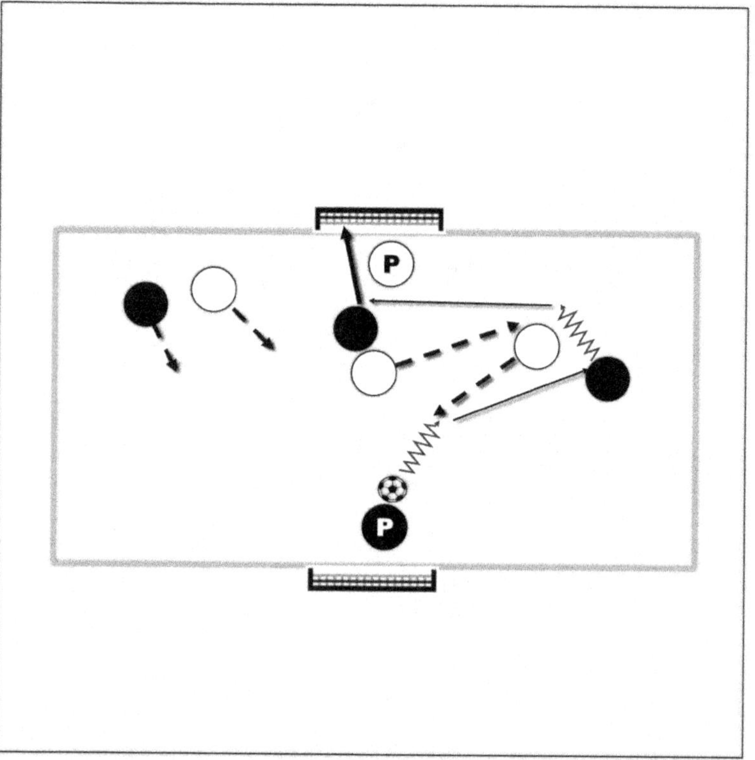

Tarea N° 63	Objetivo Principal	Mejora del pase
	Jugadores	8 (P+3x3+P)

Explicación

Los jugadores y el campo distribuidos como en la imagen. El equipo que defiende puede cambiar de zona y en el que tiene el balón solo lo podrá hacer el portero. Intentarán atraer a los rivales que siempre presionarán el balón y pasar al jugador libre de otra zona para hacer gol.

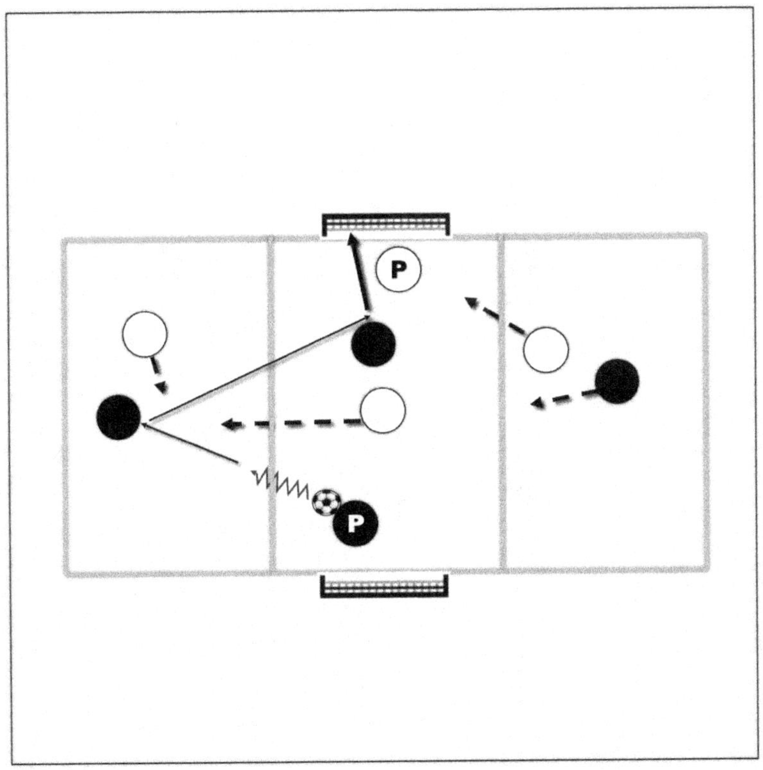

Tarea Nº 64	Objetivo Principal	Mejora del pase
	Jugadores	10 (P+4x4+P)

Explicación

En un rectángulo dividido en dos cuadrados, los jugadores se colocan en la disposición de la imagen. El equipo que no tiene el balón (blanco) coordinará para entrar en el cuadrado a presionar (3 jugadores). El otro equipo (negro) atraerá al rival y cuando entran a presionar los tres jugadores de equipo blanco pasarán al jugador libre para poder atacar la portería. Si roba el equipo negro intenta hacer gol y cambian los roles.

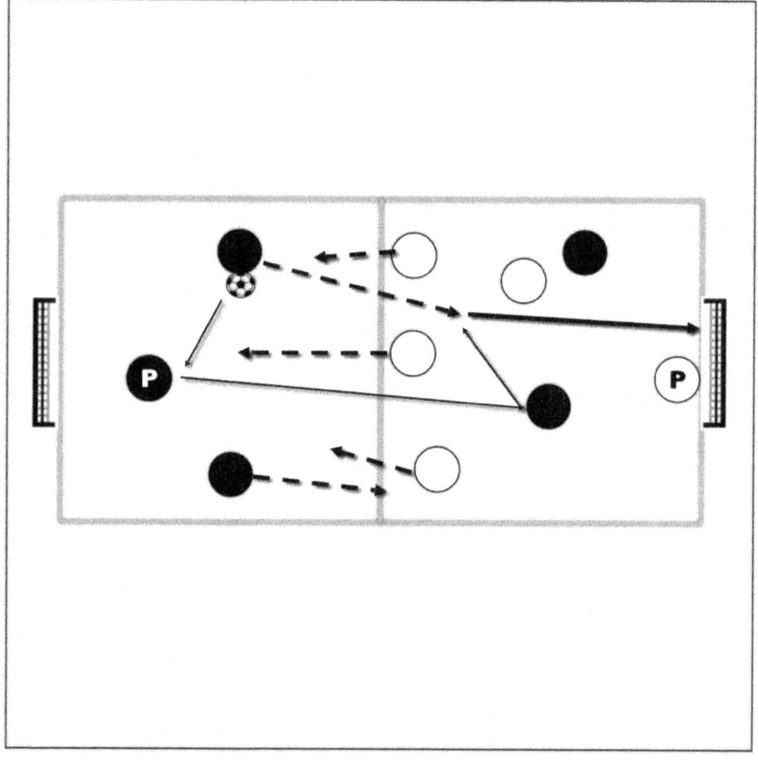

Tarea Nº 65	Objetivo Principal	Mejora del pase
	Jugadores	10 (P+1+3x3+1+P)

Explicación

En un rectángulo dividido en tres campos iguales, los jugadores se distribuirán 3 en la zona central y uno sobre la línea. Los jugadores sobre las líneas solo podrán interceptar pases en defensa y en ataque esperarán que sus compañeros atraigan a los rivales para recibir en profundidad y atacar la portería rival.

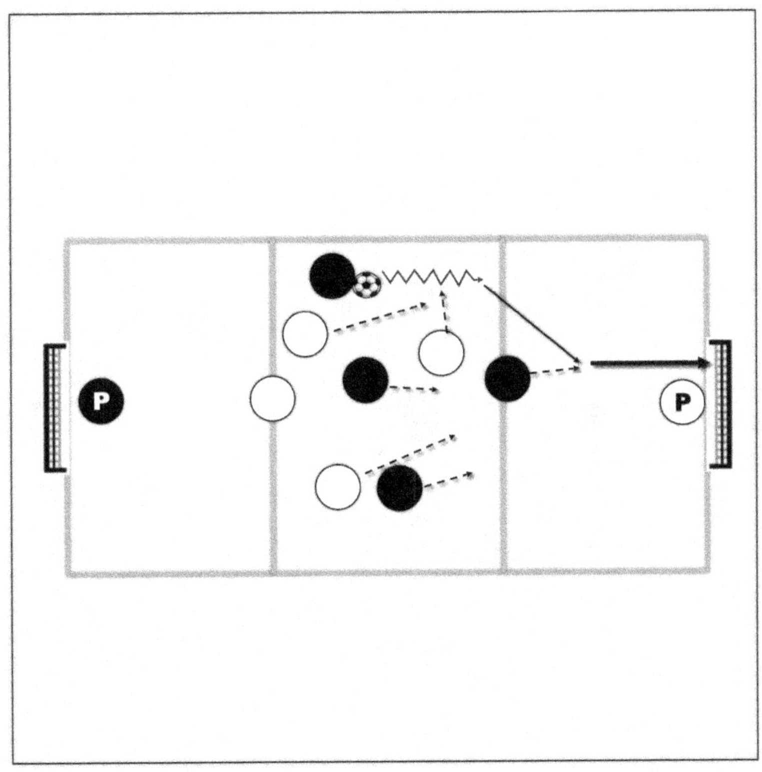

Tarea N° 66	Objetivo Principal	Mejora del pase
	Jugadores	10

Explicación

En un rectángulo dividido en tres campos iguales y los jugadores distribuidos como en la imagen. Solo podrán cambiar de campo conduciendo el balón para provocar superioridad numérica, atraer contrarios, liberar compañeros y pasarles el balón cuando queden libres.

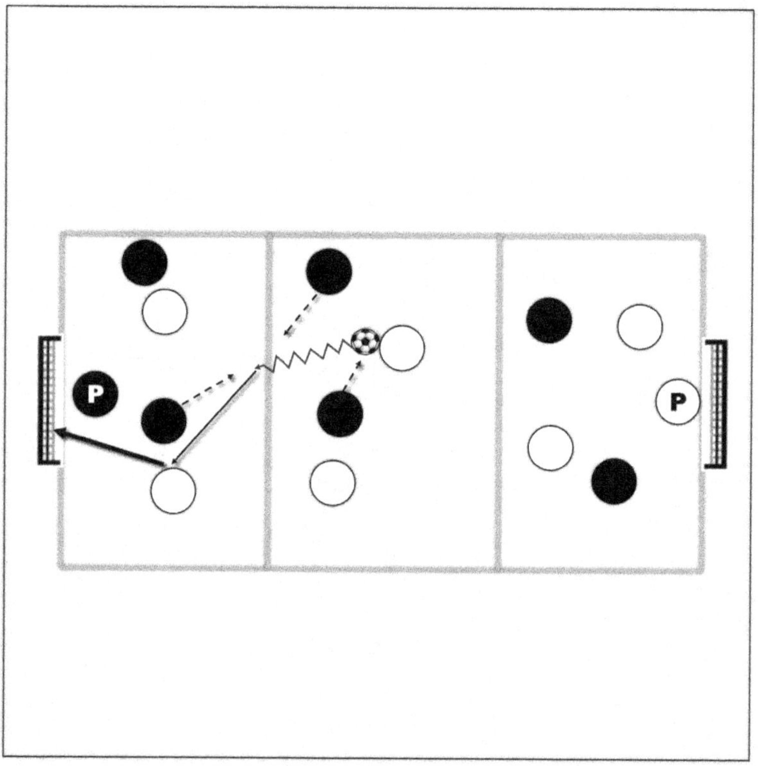

Tarea N° 67	Objetivo Principal	Mejora del pase
	Jugadores	10

Explicación

Los jugadores distribuidos como en la imagen. Los jugadores en situación de uno contra uno del centro intentarán pasar al compañero del pasillo y los jugadores de fuera podrán entrar de manera aleatoria (pero solo uno) en el pasillo para interceptar el pase y oponerse al tiro. Si recuperan el balón pasan al jugador del centro para que pueda pasar a su compañero del pasillo.

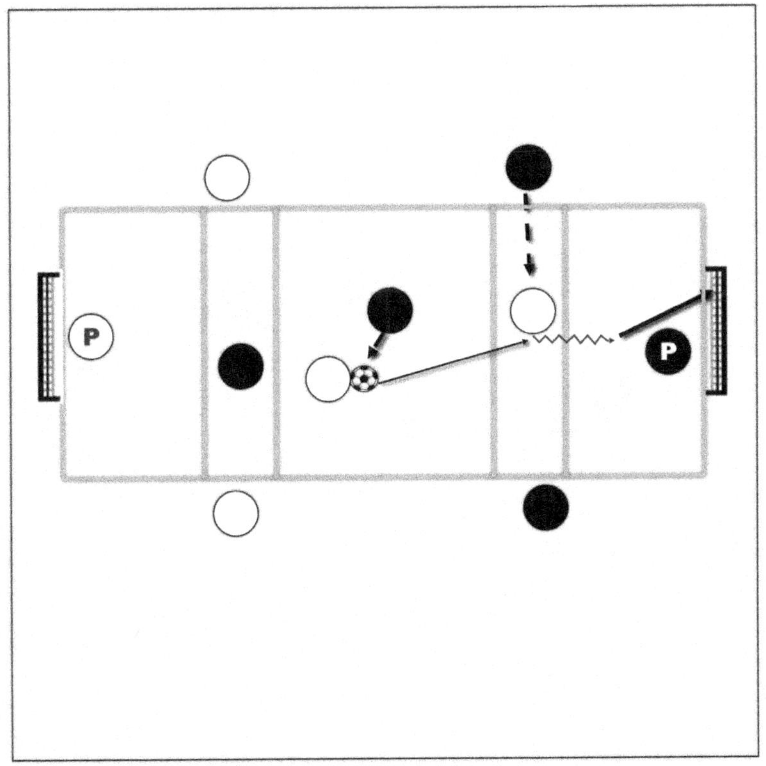

Tarea N° 68	Objetivo Principal	Mejora del pase
	Jugadores	10

Explicación

Los jugadores distribuidos como en la imagen. Cada equipo cuando tenga el balón intentará entrar conduciendo en el pasillo cercano a su portería para atraer al rival y pasar al compañero más adelantado y finalizar. Solo los jugadores con balón podrán cambiar de espacio.

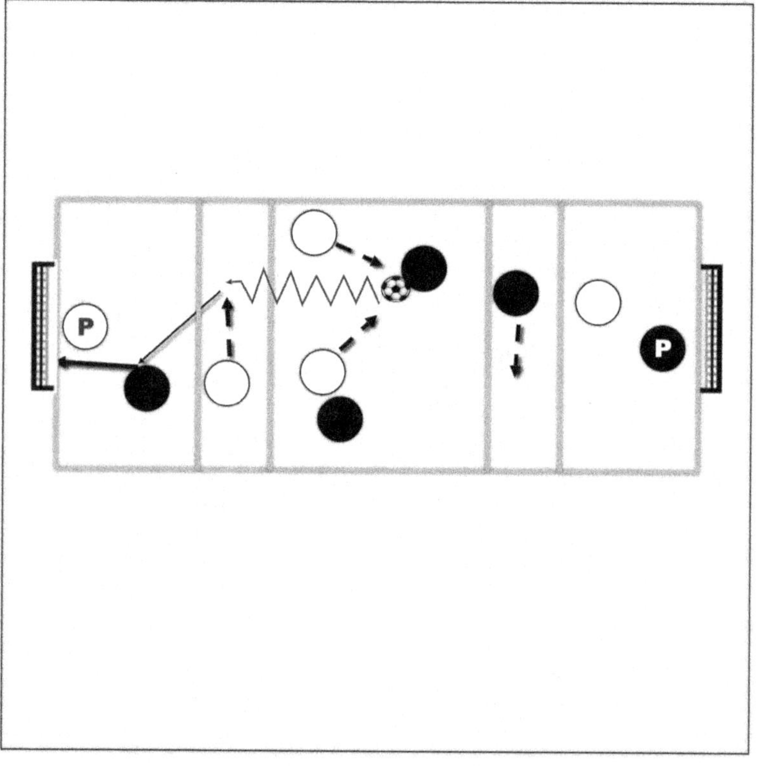

Tarea N° 69	Objetivo Principal	Mejora del pase
	Jugadores	12

Explicación

En un rectángulo dividido en tres campos iguales, los jugadores se distribuirán dos en la zona central y uno sobre la línea. Los jugadores sobre las líneas solo podrán interceptar pases en defensa y en ataque participarán como apoyos. Los jugadores de los vértices participarán haciendo desmarques constantemente y de manera aleatoria cuando su equipo tiene el balón para recibir un pase, serán vigilados y presionados (cuando reciban) por los de las líneas.

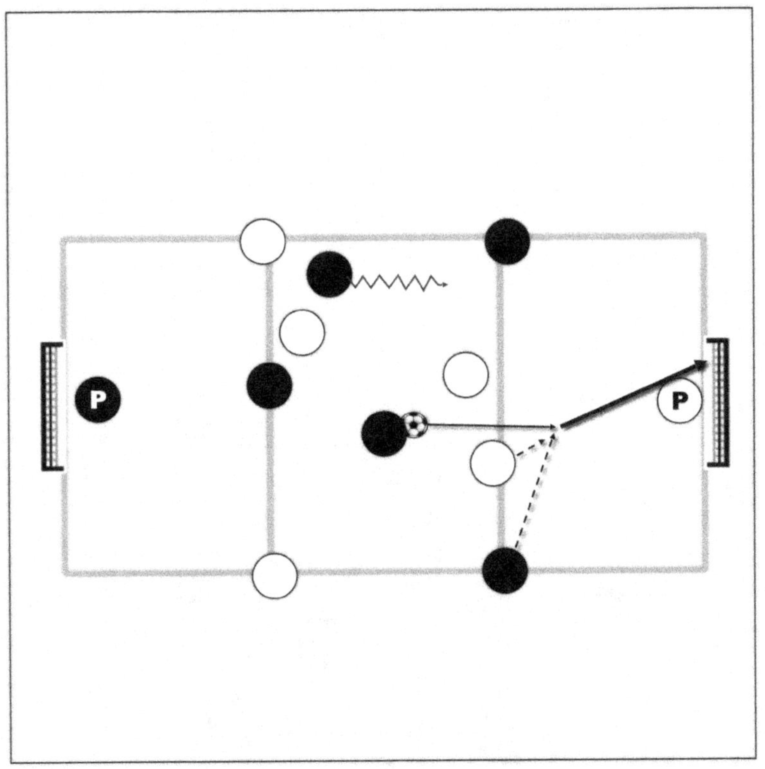

Tarea N° 70	Objetivo Principal	Mejora del pase
	Jugadores	22

Explicación

Partido en el que los dos equipos marcarán de manera individual al hombre cuando no tengan el balón pero con un jugador menos (el que defiende), que saldrá del campo hasta que su equipo recupere el balón. El equipo que recupera tendrá que pasar rápido al jugador que quede libre para atacar con ventaja.

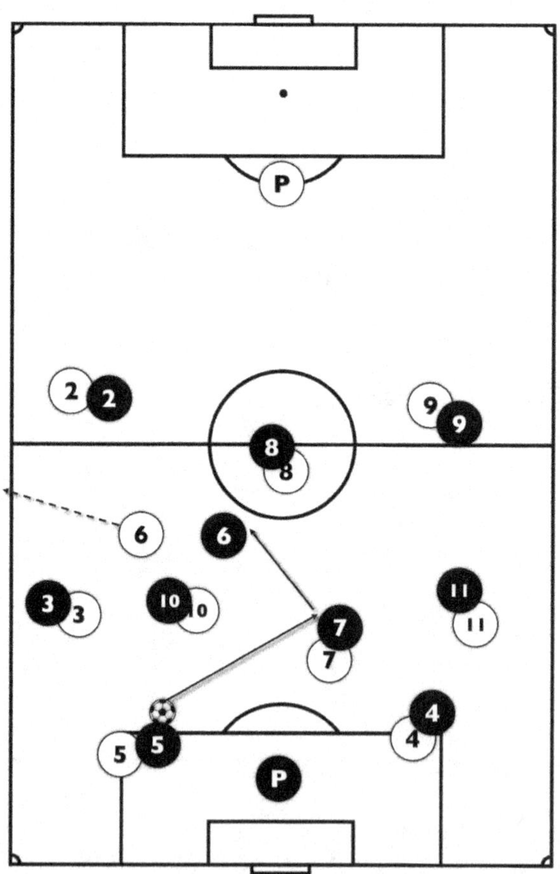

BIBLIOGRAFÍA

- Alarcón, F.; Cárdenas, D.; Clemente, V.; Collado, J. A. (Coord.); Guillén, J. C.; Jiménez, M.; Lázaro J.; Mercadé, O.; Ardoy, D. N.; Rivilla, I. y Sánchez, M. (2018): *Neurociencia, deporte y educación.* Editorial Wanceulen.
- Ballarini, F. (2016): *REC: Porque recordamos lo que recordamos y olvidamos lo que olvidamos.* Editorial Debate.
- Bangsbo, J. y Peitersen, B. (2002): *Fútbol: Jugar en defensa.* Editorial Paidotribo. Barcelona.
- Bargh, J. (2018): ¿Porqué hacemos lo que hacemos?: el poder del inconsciente. Editorial Ediciones B.
- Caballero, M. (2017): *Neuroeducación de profesores y para profesores: De profesor a maestro de cabecera.* Editorial Ediciones Pirámide.
- Caneda, R. (1999): *La zona en Fútbol.* Editorial Wanceulen. Sevilla.
- Cano Moreno, Óscar (2010): *Fútbol: Entrenamiento global basado en la interpretación del juego.* Editorial Wanceulen.
- Castellano, Julen y Casamichana, David (2016): *El arte de planificar en fútbol,* Editorial Futbol de libro.
- Castellano, Julen; Casamichana, David y San Román, Jaime (2015): *Los juegos reducidos en el entrenamiento del fútbol.* Editorial Futbol de libro.
- Castelo, J. (1999): *Futbol. Estructura y dinámica del juego.* Editorial INDE. Barcelona.
- Couto, A. (2015): *Las grandes escuelas del Fútbol Moderno.* Editorial Fútbol de libro.
- Crespo García, Manuel J. (2020): *Neurociencia aplicada al fútbol. Propuesta práctica.* Editorial Wanceulen.
- Espar, Xesco (2010): *Jugar con el corazón: La excelencia no es suficiente.* Plataforma Editorial.
- Fradua, Luis (1997): *La visión periférica del futbolista.* Editorial Paidotribo.
- García Ocaña, Francisco (2008): *Fútbol y Fútbol sala: 250 actividades sociomotrices.* Editorial Paidotribo. Barcelona.
- Garganta, J. y Pinto, J. en Graça, A. y Oliveira, J. (1997): *La enseñanza de los juegos Deportivos.* Editorial Paidotribo.

- González, Alberto (2013): *Fútbol. Dinámica del juego desde la perspectiva de las transiciones.* Editorial Learning 11.
- Jackson, Phil (2014): *Once anillos.* Editorial Roca.
- Jozami, Silvina (2019): *Potenciando tu mente deportiva. Neurociencia simple para transforma el rendimiento deportivo.* Editorial Caligrama.
- López López, Javier (2008): *Fútbol: Alevines: 120 fichas de sesiones de entrenamiento.* Editorial Wanceulen. Sevilla.
- López López, Javier (2008): *Fútbol: Cadetes: 160 fichas de sesiones de entrenamiento.* Editorial Wanceulen. Sevilla.
- López López, Javier (2009): *400 tareas integradas para el entrenamiento de la táctica ofensiva.* Editorial Wanceulen.
- López López, Javier (2009): *500 juegos para el entrenamiento físico con balón.* Editorial Wanceulen.
- López López, Javier (2009): *Fundamentos tácticos defensivos.* Editorial Wanceulen.
- López López, Javier (2009): Fútbol: *1380 Juegos globales para el aprendizaje y perfeccionamiento de la técnica ofensiva y defensiva.* Editorial Wanceulen. Sevilla.
- López López, Javier (2009): *Fútbol: Prebenjamines: 80 fichas de sesiones de entrenamiento.* Editorial Wanceulen. Sevilla.
- López López, Javier (2011): *Fútbol y Fútbol Sala: 96 juegos para el entrenamiento integrado de la Táctica Ofensiva.* Editorial Wanceulen.
- López López, Javier (2011): *Fútbol y Fútbol Sala: 96 juegos para el entrenamiento integrado de la Táctica Defensiva.* Editorial Wanceulen.
- López López, Javier (2013): *Fútbol: Benjamines: 80 fichas de sesiones de entrenamiento.* Editorial Wanceulen. Sevilla.
- López López, Javier (2013): *Fútbol: Infantiles: 120 fichas de sesiones de entrenamiento.* Editorial Wanceulen. Sevilla.
- López López, Javier (2013): *Fútbol: Juveniles: 160 fichas de sesiones de entrenamiento.* Editorial Wanceulen. Sevilla.
- López López, Javier (2013): *Fútbol: Senior (2013): 175 fichas de sesiones de entrenamiento.* Editorial Wanceulen. Sevilla.
- López López, Javier; Wanceulen Moreno, Antonio; Wanceulen Moreno, José F. y Bernal Ruiz, Javier (2009): *225 juegos para el entrenamiento integrado del pase en el fútbol.* Editorial Wanceulen.

- Marí, Pep (2011): Aprender de los campeones. Plataforma Editorial.
- Marí, Pep (2019): *Equipos campeones: Como convertir un buen equipo en uno mucho mejor.* Editorial Plataforma Impresa.
- Mayer, R. (1996): *Fichas de fútbol. 120 juegos de ataque y defensa.* Hispano Europea. Barcelona.
- Mora, F. (2014): *¿Cómo funciona el cerebro?* Alianza editorial.
- Mora, F. (2017): *Neuroeducación: sólo se puede aprender de aquello que se ama.* Alianza editorial.
- Navarro Valdivieso, F.; González Ravé, J. M. y Pablos Abella, C. (2014): *Entrenamiento Deportivo. Teoría y Práctica.* Editorial Médica Panamericana.
- Pérez, Marcial (2019): *Mente Deportiva: Entrenar el cerebro para extender los límites del rendimiento.* Autoría Editorial.
- Revuelta Candón, Amalia (2016): *El cerebro decide.* Editorial Fútbol Táctico.
- Seirul´lo, F. (1999): *Criterios modernos del entrenamiento en el fútbol.* Revista Training Fútbol. Valladolid.
- Tamorri, Stéfano (2004): *Neurociencias y deporte. Psicología deportiva. Procesos mentales del atleta.* Editorial Paidotribo.